1日《にち》5分《ふん》! タイプ別《べつ》診《しん》断《だん》でわかる 整《せい》理《り》整《せい》とん ①

失敗《しっぱい》しない

監修 中村佳子（ライフオーガナイザー）

イラスト 伊藤ハムスター／深蔵

はじめに

「失敗《しっぱい》しない整理整《せいりせい》とん」とは、どんな整理整《せいりせい》とんだと思《おも》いますか？
ちらかっていなくて、いつもきれいというイメージですか？
この本《ほん》では、ちらかってしまうのはOKだけど、
「早《はや》く」「簡単《かんたん》に」「もとにもどす」ことを目指《めざ》しています。

勉強《べんきょう》でも遊《あそ》びでも、何《なに》かをしていれば、ちらかるのは当《あ》たり前《まえ》。
でも、ちらかったままにしておくと、ものがなくなってしまったり、
次《つぎ》に使《つか》う人《ひと》が使《つか》いづらかったりしますね。だから、片《かた》づける。

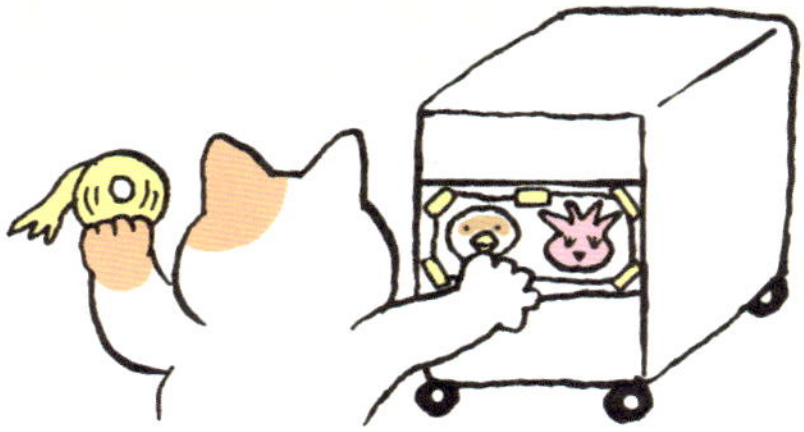

それは、使《つか》ったものをもとにもどしておくということです。
もとにもどす方法《ほうほう》、整理整《せいりせい》とんの方法《ほうほう》はいろいろあって、
どんな方法《ほうほう》でやりたいかは人《ひと》それぞれ。
正解《せいかい》はひとつではありません。
そこで、整理整《せいりせい》とんの方法《ほうほう》を４つのタイプに分《わ》けて紹介《しょうかい》しました。
自分《じぶん》がやってみたいなという方法《ほうほう》で、ぜひ始《はじ》めてみてください。
片《かた》づけのやり方《かた》はもちろん、
生《い》きていくうえで必要《ひつよう》な力《ちから》も身《み》につきますよ。

ライフオーガナイザー　中《なか》村《むら》佳《よし》子《こ》

目《もく》次《じ》

Part《パート》 3 小物《こもの》の整理整《せいりせい》とんをしよう 91

Part《パート》 4 もっときれいに！ 109

Part《パート》1

整《せい》理《り》整《せい》とんはなぜ大《だい》事《じ》なの？

整《せい》理《り》整《せい》とんの大《たい》切《せつ》さを知《し》ろう

ゴチャゴチャはモタモタ・イライラのもと

おうちの人《ひと》に「片《かた》づけなさい」と言《い》われたこと、ありますか？　片《かた》づけはめんどう？　自分《じぶん》ではとくにこまっていない？　それでもおうちの人《ひと》が「片《かた》づけなさい」と言《い》うのはなぜだろう。

　下《した》のイラストの上《うえ》のコマのようにちらかっている中《なか》で、朝《あさ》、「国《こく》語《ご》のノート」を探《さが》すとしたら、なかなか見《み》つからなくてイライラ、学校《がっこう》におくれてしまうかも……。

　一方《いっぽう》、下《した》のコマのようにきちんと整理《せいり》されていれば、目的《もくてき》のノートはすぐ見《み》つかるね。

【整《せい》理《り》整《せい》とんをしていない】
【整《せい》理《り》整《せい》とんをしている】

整《せい》理《り》整《せい》とんされていると何《なに》かを始《はじ》めるのがスムーズ！

整理整《せいりせい》とんとは、必要《ひつよう》なものをいつでも取《と》り出《だ》せるように、片《かた》づけておくこと。使《つか》いたいものを簡《かん》単《たん》に取《と》り出《だ》すことができれば、明日《あした》の学校《がっこう》の用意《ようい》も、習《なら》い事《ごと》に行《い》くときも、ゲームで遊《あそ》ぶときも、「探《さが》す」ことから始《はじ》めなくてすむというわけ。つまり、生活《せいかつ》そのものがスムーズになるよ。

それだけではなく、毎日《まいにち》の整理《せいり》整《せい》とんができるようになると、生《い》きていくうえで大事《だいじ》な「選《えら》ぶ力《ちから》」「判断《はんだん》する力《ちから》」「続《つづ》ける力《ちから》」「思《おも》いやる力《ちから》」「責任感《せきにんかん》」の5つの力《ちから》も身《み》につくんだ！

5つの力《ちから》って具体的《ぐたいてき》にはどういうこと？
5つの力《ちから》がそれぞれどんなものかこれから見《み》ていきましょう！

整《せい》理《り》整《せい》とんで身《み》につく5つの生《い》きる力《ちから》

1 選《えら》ぶ力《ちから》

ふだんはあまり感《かん》じていないかもしれないけれど、生《せい》活《かつ》していると「今日《きょう》は何《なに》を着《き》て行《い》こうかな」「この本《ほん》を買《か》おうかな」など、いくつかの選《せん》択《たく》肢《し》の中《なか》から何《なに》かを選《えら》びとっていることがたくさんある。

整《せい》理《り》整《せい》とんも、「自《じ》分《ぶん》にとって大《たい》切《せつ》なもの」や「必《ひつ》要《よう》なもの」を選《えら》ぶことからスタートするよ。それは、自《じ》分《ぶん》の好《す》きなものや、自《じ》分《ぶん》がやりたいことを「選《えら》ぶ力《ちから》」にもつながっているんだ。

2 判《はん》断《だん》する力《ちから》

おうちの人《ひと》は「ここにしまってね」と言《い》うけれど、自《じ》分《ぶん》にとってそのやり方《かた》は使《つか》いづらいな、ということもあるよね。整《せい》理《り》整《せい》とんは「自《じ》分《ぶん》が使《つか》いやすいのはどっち？」「大《だい》好《す》きなぬいぐるみ、しまう？　かざる？」と、判《はん》断《だん》しないと進《すす》まないことばかり。そのくり返《かえ》しは、勉《べん》強《きょう》や仕《し》事《ごと》でも必《ひつ》要《よう》になる、今《いま》やるべきことは何《なに》かを「判《はん》断《だん》する力《ちから》」になっていくよ。

3 続《つづ》ける力《ちから》

整理整《せいりせい》とんは毎日《まいにち》、これからもずっと続《つづ》くよね。「使《つか》ったものを元《もと》の場所《ばしょ》にもどす」のは小《ちい》さなことかもしれないけれど、それは、目標《もくひょう》に向《む》かってコツコツ努力《どりょく》するのと同《おな》じことなんだ。「めんどくさいな」という気持《きも》ちに打《う》ち勝《か》って、整理整《せいりせい》とんをすることで「続《つづ》ける力《ちから》」も身《み》につくよ。

4 思《おも》いやる力《ちから》

整理整《せいりせい》とんをすると、ものをていねいにあつかおうという気持《きも》ちや、これからも大切《たいせつ》に使《つか》おうという気持《きも》ちになるもの。家族《かぞく》も使《つか》うスペースなら、「次《つぎ》の人《ひと》が使《つか》いやすいようにしておこう」「わかりやすくしまおう」と、相手《あいて》のことを気《き》づかいながら使《つか》うよね。それが整理整《せいりせい》とんによって生《う》まれる「思《おも》いやる力《ちから》」だよ。

片《かた》づけ方《かた》は人《ひと》それぞれ
きみにはどんな方法《ほうほう》が
向《む》いているかな？
次《つぎ》のページで
診断《しんだん》してみよう！

5 責《せき》任《にん》感《かん》

自分《じぶん》の身《み》の回《まわ》りのことは自分《じぶん》でする、使《つか》ったものは自分《じぶん》で元《もと》にもどす、自分《じぶん》の整理整《せいりせい》とんのやり方《かた》はこうだ、など、一《ひと》つ一《ひと》つのことを決断《けつだん》して実行《じっこう》するのは自分《じぶん》の責《せき》任《にん》。もしそれがうまくいかなかったら、どうすればいいのか自分《じぶん》で考《かんが》える。整理整《せいりせい》とんでは、そんな「責任感《せきにんかん》」もきたえられるんだ。

きみには どんな片《かた》づけ方《かた》が 合《あ》っているかな？

片《かた》づけタイプ別《べつ》診《しん》断《だん》

こまかいことが好《す》きな人《ひと》と苦手《にがて》な人《ひと》では、整理整《せいりせい》とんのやり方《かた》はちがうよね。そこで、整理整《せいりせい》とんを始《はじ》める前《まえ》に、自分《じぶん》がどんなタイプを知《し》っておこう。あまり深《ふか》く考《かんが》えず、YES《イエス》／NO《ノー》で答《こた》えてね。

START《スタート》

片《かた》づけはきらいじゃない

YES《イエス》 → プレゼントの箱《はこ》や袋《ふくろ》はとっておく（YES《イエス》／NO《ノー》）

NO《ノー》 → 机《つくえ》の上《うえ》がいつもちらかっている

NO《ノー》 → 探《さが》しものをよくするほうだ（NO《ノー》／YES《イエス》）

YES《イエス》 → 自分《じぶん》はめんどうくさがりだと思《おも》う

NO《ノー》 → 探《さが》しものをよくするほうだ

YES《イエス》 → ぬぎっぱなしをよく注意《ちゅうい》される（NO《ノー》／YES《イエス》）

自分《じぶん》の診断結果《しんだんけっか》がイメージとちがうこともあるかも？ 人《ひと》のタイプは、環境《かんきょう》や経験《けいけん》によって変《か》わっていくものだから、「今日《きょう》の自分《じぶん》はこのタイプなんだな」と思《おも》って、タイプ別《べつ》の片《かた》づけに取《と》り組《く》んでみてね。自分以外《じぶんいがい》のタイプの片《かた》づけ方《かた》を見《み》てみるのも、新《あたら》しい発見《はっけん》があっておもしろいかも！

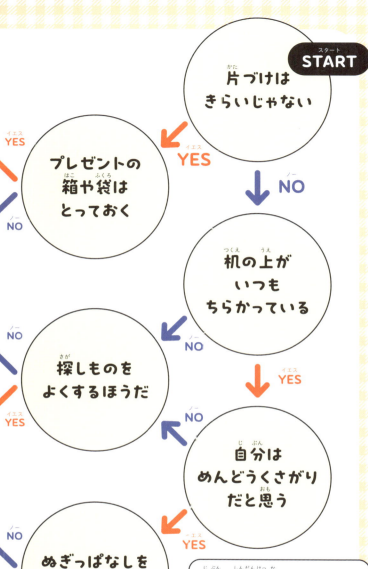

コレクションしているものがある

YES《イエス》 → 手先を使うこまかい作業はわりと好き

NO《ノー》 → 小さいころのおもちゃをまだ持っている

手先《てさき》を使《つか》うこまかい作業《さぎょう》はわりと好《す》き

YES《イエス》 → きっちりさん

NO《ノー》 → こだわりさん

小《ちい》さいころのおもちゃをまだ持《も》っている

YES《イエス》 → 手先を使うこまかい作業はわりと好き

NO《ノー》 → “推し”ているもの（人）がある

“推《お》し”ているもの（人《ひと》）がある

YES《イエス》 → こだわりさん

NO《ノー》 → バランスさん

好《す》きな食《た》べものは最後《さいご》までとっておく

YES《イエス》 → “推し”ているもの（人）がある

NO《ノー》 → 「何食べたい？」と聞かれてもなかなか決められない

「何《なに》食《た》べたい？」と聞《き》かれてもなかなか決《き》められない

YES《イエス》 → バランスさん

NO《ノー》 → ざっくりさん

100円《えん》ショップでよく買《か》いものをする

YES《イエス》 → 好きな食べものは最後までとっておく

NO《ノー》 → 「何食べたい？」と聞かれてもなかなか決められない

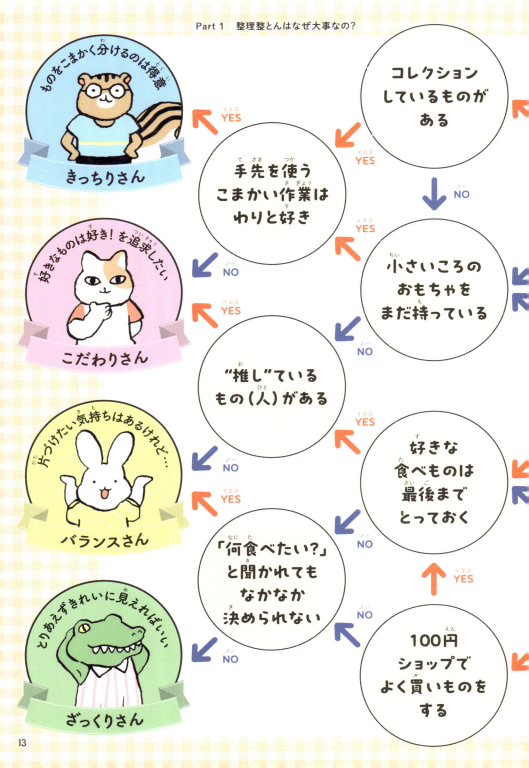

きっちりさんのきみは小分《こわ》け収納《しゅうのう》でスッキリ！

「整理整《せいりせい》とんはわりと好《す》き」というのが、きっちりさんタイプ。きちんと片《かた》づけたいけれど、どうすればいいのか迷《まよ》っているのかな。そんなきっちりさんは、お店《みせ》のようにきちんと分類《ぶんるい》された整理整《せいりせい》とんで、見《み》た目《め》も気持《きも》ちもスッキリさせちゃおう。仕切《しき》りのついたケースや、ファスナーつきポリぶくろなどを使《つか》って小分《こわ》け収納《しゅうのう》をしたり、仕切《しき》ったあとにラベルをはってわかりやすくしたりするのがおすすめ。

ポイント

収納《しゅうのう》グッズは小分《こわ》けできるものを。

ポイント

ラベルをはって、何《なに》が入《はい》っているかひと目《め》でわかるように。

ざっくりさんのきみは ざっくり収《しゅう》納《のう》でスッキリ！

「整理整《せいりせい》とん？　めんどうだな」と思《おも》っているきみは、ざっくりさんタイプ。片《かた》づけを後回《あとまわ》しにしているうちに、全部《ぜんぶ》のものが出《だ》しっぱなしでどこに何《なに》があるかわからない！　なんてことになりがちでは。そんなきみに向《む》いているのは、大《おお》きめのケースや引《ひ》き出《だ》しごとに、ざっくりと種類《しゅるい》分《わ》けして、ものをどんどん入《い》れていく方法《ほうほう》。とりあえずその中《なか》を見《み》ればある！　という状態《じょうたい》を目指《めざ》して、部屋《へや》作《づく》りをしていこう。

ポイント

なるべく大《おお》きく、たくさん入《はい》る収納《しゅうのう》を用意《ようい》。

ポイント

収納《しゅうのう》をまとめることで、片《かた》づけの手間《てま》がぐっと少《すく》なくなって、やる気《き》が続《つづ》く。

こだわりさんのきみはコーナー作《づく》りでスッキリ！

ハマっている趣味《しゅみ》がある、推《お》しのキャラクターやアイドルがいる、というこだわりさんタイプは、どうしてもものが増《ふ》えてしまいがち。でも好《この》みがはっきりしているから、整理整《せいりせい》とんがしやすいともいえるんだ。このタイプに向《む》いているのは、コーナーを作《つく》ったり、収納《しゅうのう》グッズを推《お》しカラーで統一《とういつ》したりすること。気《き》に入《い》ったものばかりを集《あつ》めたコーナーを作《つく》るだけでも、見《み》た目《め》がスッキリとしてまとまり感《かん》が出《で》るよ。

ポイント

自分《じぶん》がわくわくするか、を大切《たいせつ》に。

ポイント

おうちの人《ひと》や友《とも》だちに、自分《じぶん》の好きなものを紹介《しょうかい》するつもりで。

バランスさんのきみはゆるくまとめてスッキリ！

整理整《せいりせい》とんをするのはめんどうだなと思《おも》いながらも、きちんと片《かた》づけておきたいという気持《きも》ちもある、というバランスさんタイプ。整理整《せいりせい》とんの方法《ほうほう》にはそれほどこだわりはないみたいだね。まずは、引《ひ》き出《だ》しは小分《こわ》け、本棚《ほんだな》はざっくり、というふうに、自分《じぶん》の使《つか》いやすい方法《ほうほう》でゆるく整理《せい り》してみるのがよさそう。

整理整《せいりせい》とんの方法《ほうほう》や好《この》みは人《ひと》それぞれだから、きみがやりやすい方法《ほうほう》でOK《オーケー》だよ。

ポイント

こだわりをなくして、やりやすいように。

ポイント

ほかのタイプのやり方《かた》を見《み》ながら、自分《じぶん》に合《あ》っていそうなものを組《く》み合《あ》わせて。

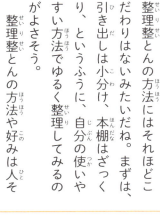

整《せい》理《り》整《せい》とんのやり方《かた》を知《し》ろう！

Step《ステップ》 1 目《もく》的《てき》

整《せい》理《り》整《せい》とんの目《もく》的《てき》は？

片《かた》づける作《さ》業《ぎょう》を始《はじ》める前《まえ》に考《かんが》えておきたいのが、整《せい》理《り》整《せい》とんの目《もく》的《てき》。「ちらかっている部《へ》屋《や》をきれいにする」というだけでは、なかなかやる気《き》が出《で》ないよね。「将《しょう》来《らい》どうなりたい？」「どんな部《へ》屋《や》で過《す》ごしたい？」「片《かた》づいた部《へ》屋《や》でやりたいことは？」を具《ぐ》体《たい》的《てき》にイメージしてみよう。そのイメージを実《じつ》現《げん》するためにはどうすればいいのか、ゴールがはっきりと見《み》えていると、整《せい》理《り》整《せい》とんのやる気《き》もアップするよ！

Step《ステップ》2 分《わ》ける

種《しゅ》類《るい》ごとに分《わ》けよう

整《せい》理《り》整《せい》とんの基《き》本《ほん》は、「分《わ》ける」「しまう」「キープする」の3つ。「分《わ》ける」では、今《いま》持《も》っているものを種《しゅ》類《るい》ごとに分《わ》け、さらに大《たい》切《せつ》なもの・必《ひつ》要《よう》なものと、手《て》放《ばな》すものに分《わ》けよう。この判《はん》断《だん》をするときに大《だい》事《じ》なのが、「いらないものは？」ではなく、「大《たい》切《せつ》なものは？」と考《かんが》えること。大《たい》切《せつ》なものに囲《かこ》まれている自《じ》分《ぶん》を目《め》指《ざ》したほうが、STEP《ステップ》1の目《もく》的《てき》に近《ちか》づきやすくなるよ。

Step《ステップ》 3

しまう

しまう場所《ばしょ》を決《き》めよう

「しまう」の基本《きほん》は「場所《ばしょ》を決《き》める」こと。たとえば、でかけるたびにちがう家《いえ》に帰《かえ》るとしたら、どうなるかな？　「今日《きょう》はどこに帰《かえ》ればいいんだろう？」とこまってしまうよね。これが、しまう場所《ばしょ》が決《き》まっていない状態《じょうたい》。だから、ものをしまう場所《ばしょ》をしっかりと決《き》めておくことが大事《だいじ》。ポイントは「もどしやすさ」。簡単《かんたん》にもどせるようにしておくことが、失敗《しっぱい》しない整理整《せいりせい》とんのコツだよ。

失敗《しっぱい》しない整理整《せいりせい》とんのために

きれいをキープするコツ

1 元《もと》にもどす

「分《わ》ける」「しまう」で整理整《せいりせい》とんができたら、その状態《じょうたい》をキープしたいよね。その基《き》本《ほん》は「使《つか》ったら元《もと》の位置《いち》にもどす」こと。これだけは自分《じぶん》ルールとしてコツコツ続《つづ》けていこう!

2 まずは1か所《しょ》きれいに

ちらかってきたら、「机《つくえ》の上《うえ》だけ」「本棚《ほんだな》のこの段《だん》だけ」など目《め》についた1か所《しょ》だけをきれいにしてみて。1か所《しょ》だけなら簡単《かんたん》に片《かた》づくので、手《て》をつけやすいんじゃないかな。また、きれいになると「スッキリ!」「できた!」という気持《きも》ちから、きっとほかの部分《ぶぶん》もきれいにしたくなるよ。

3 作業《さぎょう》する場所《ばしょ》を決《き》める

勉強《べんきょう》をする場所《ばしょ》、遊《あそ》ぶ場所《ばしょ》、趣味《しゅみ》のことをする場所《ばしょ》など、何《なに》かをするときは「ここでする」と決《き》めておこう。ものを広《ひろ》げる場所《ばしょ》を1か所《しょ》だけにしておくと、片《かた》づけるのもラクだよ。

整《せい》理《り》整《せい》とんを始《はじ》める前《まえ》に

1 おうちの人《ひと》に伝《つた》えよう

おうちの人《ひと》に「自《じ》分《ぶん》の部《へ》屋《や》を整《せい》理《り》整《せい》とんするね！」と伝《つた》えてから始《はじ》めよう。きみが整《せい》理《り》整《せい》とんに取《と》り組《く》んでいることを知《し》っておいてもらえば、こまったときにも相《そう》談《だん》しやすいね。

2 1日《にち》で終《お》わらなくてもOK《オーケー》

持《も》ちものは自《じ》分《ぶん》が思《おも》っている以《い》上《じょう》にたくさんあるから、部《へ》屋《や》全《ぜん》体《たい》を1日《にち》で片《かた》づけるのは大《たい》変《へん》。机《つくえ》のまわりだけ、引《ひ》き出《だ》しだけなど1か所《しょ》ずつ、数《すう》日《じつ》かけて進《すす》めていけばOK《オーケー》だよ。

3 いらないと思《おも》ったものは？

きみが「いらない」と思《おも》っても、おうちの人《ひと》にとっては大《たい》切《せつ》なものかもしれないよ。捨《す》てる前《まえ》におうちの人《ひと》に確《かく》認《にん》しよう。

4 出《で》たゴミは？

ゴミの分《ぶん》別《べつ》は地《ち》域《いき》によってちがうので、おうちの人《ひと》に聞《き》いてから、きちんと分《ぶん》別《べつ》しよう。

5 収《しゅう》納《のう》グッズを買《か》うときは

収《しゅう》納《のう》グッズを買《か》いたいときは、どこをどう整《せい》理《り》するために、どんな収《しゅう》納《のう》グッズがほしいのかを、おうちの人《ひと》に説《せつ》明《めい》しよう。

身《み》の回《まわ》りの整《せい》理《り》整《せい》とんをしよう

Part《パート》 2

なんとかしたい 1

机《つくえ》の上《うえ》

何《なん》でも置《お》けちゃう自分《じぶん》の机《つくえ》は、便利《べんり》だけどすぐにちらかってしまう場所《ばしょ》。一番《いちばん》身《み》近《ぢか》なこの場所《ばしょ》から片《かた》づけてみよう！

宿題《しゅくだい》しなくちゃいけないんだけどな〜〜
ゴチャア〜
まず課題《かだい》のプリントを探《さが》さなくちゃ……
うさひめ①
し

ステップ
Step 1

目的《もくてき》

勉強《べんきょう》に集中《しゅうちゅう》できる机《つくえ》にしよう！

机《つくえ》ですることといえば、第一《だいいち》に勉強《べんきょう》だよね。だから、気《き》がちらないように机《つくえ》の上《うえ》には勉強《べんきょう》に関《かん》するものだけを置《お》くようにしよう。そうすれば、しぜんと勉強《べんきょう》に集中《しゅうちゅう》できるようになるよ。

文房具《ぶんぼうぐ》も全部《ぜんぶ》置《お》き場所《ばしょ》を決《き》めておいて、必要《ひつよう》なときだけ出《だ》して使《つか》い、使《つか》い終《お》わったら元《もと》の置《お》き場所《ばしょ》にもどすようにしよう。

スッキリした
机《つくえ》の上《うえ》なら
宿題《しゅくだい》も
すぐ終《お》わりそう！

まんがやスマホは
勉強中《べんきょうちゅう》は目《め》に
入《はい》らない場所《ばしょ》に
置《お》きましょう！

Step《ステップ》 2

分《わ》ける

1 種類《しゅるい》ごとに分《わ》けよう

机《つくえ》の上《うえ》や棚《たな》のものをいったん全《ぜん》部出《ぶだ》して、教科書《きょうかしょ》、ノート、文房《ぶんぼう》具《ぐ》、まんがなど、種類《しゅるい》ごとに分《わ》けよう。ビニールクロスなどをマスキングテープで区切《くぎ》り、ものの種《しゅ》類《るい》を書《か》いて分類《ぶんるい》していくと作業《さぎょう》しやすいよ。出《だ》して分《わ》けてみると、何《なに》がどれくらいあるのかがパッとわかるね。

思《おも》ったより
いろいろ
あるなあ!

教科書《きょうかしょ》やタブレット、
ノートなど勉強関係《べんきょうかんけい》
えんぴつなどの文房具《ぶんぼうぐ》
おかしの袋《ふくろ》や紙《かみ》くず
などのゴミ
うさひめ!
①
辛イモ
まんがなど勉強《べんきょう》に
関係《かんけい》ないもの
スマートフォン
時計《とけい》やおかしなど、
そのほかのもの

2 机《つくえ》に置《お》くものを選《えら》ぼう

どんなものがどれくらいあるのかわかったら、今度《こんど》はそれをどこに収納《しゅうのう》するか考《かんが》えていくよ。勉強《べんきょう》に集中《しゅうちゅう》できる机《つくえ》にしたいから、よく使《つか》うものは取《と》り出《だ》しやすい場所《ばしょ》に置《お》き、たまにしか使《つか》わない文房《ぶんぼう》具《ぐ》などこまかいものは引《ひ》き出《だ》しにしまっておこう（34ページも見《み》てみてね）。

スマホは
つい見《み》ちゃうから
引《ひ》き出《だ》しに
しまっておこうかな

勉強《べんきょう》に
関係《かんけい》ないものは
目《め》の前《まえ》に
置《お》かないように
するのがいいね

Step《ステップ》3 しまう

ものの位置《いち》を決《き》めよう

いよいよ出《だ》したものたちを収納《しゅうのう》していくよ。勉強関係《べんきょうかんけい》のものでも、学校《がっこう》のものと塾《じゅく》のものがある場合《ばあい》は、それぞれ分《わ》けてしまったほうがわかりやすいね。そんなときはファイルボックスを活用《かつよう》しよう。よく使《つか》うものほど、すぐ手《て》が届《とど》くところに置《お》くのがコツだよ。

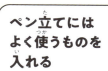

ペン立《た》てにはよく使《つか》うものを入《い》れる

机《つくえ》の上《うえ》のペン立《た》てには、いつも使《つか》うものだけを立《た》てておこう。たまにしか使《つか》わないペンや、予備《よび》の分《ぶん》は引《ひ》き出《だ》しへ。

大《おお》きめのゴミ箱《ばこ》

おかしの包《つつ》み紙《がみ》や使用《しよう》ずみのティッシュなど、小《ちい》さなゴミが机《つくえ》の上《うえ》に置《お》きっぱなしになっていないかな？　たくさん入《はい》る大《おお》きめのゴミ箱《ばこ》を置《お》いて、すぐ捨《す》てるようにしよう。

カラーファイルボックスで色《いろ》分《わ》け

教科《きょうか》ごとのノートや参考書《さんこうしょ》は、算数《さんすう》なら青色《あおいろ》のボックス、国語《こくご》は黄色《きいろ》のボックスなど、色《いろ》分《わ》けして入《い》れておくとわかりやすいね。

教科書類《きょうかしょるい》は目《め》の前《まえ》に

教科書《きょうかしょ》は勉強《べんきょう》に欠《か》かせないよね。すぐ取《と》り出《だ》せるように、座《すわ》ったときに目《め》の前《まえ》にくる場所《ばしょ》に、きちんと立《た》てておこう。

机《つくえ》の上《うえ》は勉強《べんきょう》に関《かん》するものだけ置《お》く

勉強《べんきょう》するときは、教科書《きょうかしょ》やノート、ワークなど必要《ひつよう》なものだけを出《だ》して、気《き》がちらない環境《かんきょう》を作《つく》ろう。

スマホやまんがは目《め》に入《はい》らない場所《ばしょ》へ

スマホはおうちの人《ひと》と約束《やくそく》したところに置《お》くか、引《ひ》き出《だ》しに入《い》れるなどして、視界《しかい》に入《い》れないようにしよう。まんがも勉強中《べんきょうちゅう》は目《め》に入《はい》らないところ、届《とど》かないところへ。

きっちりさん

ファイルボックスにラベルをはる

きれいに分《わ》けることが好《す》きなきっちりさんは、同《おな》じ形《かたち》、同《おな》じ色《いろ》のファイルボックスでそろえて、何《なに》が入《はい》っているかすぐにわかるようにラベルに書《か》いてはっておこう。

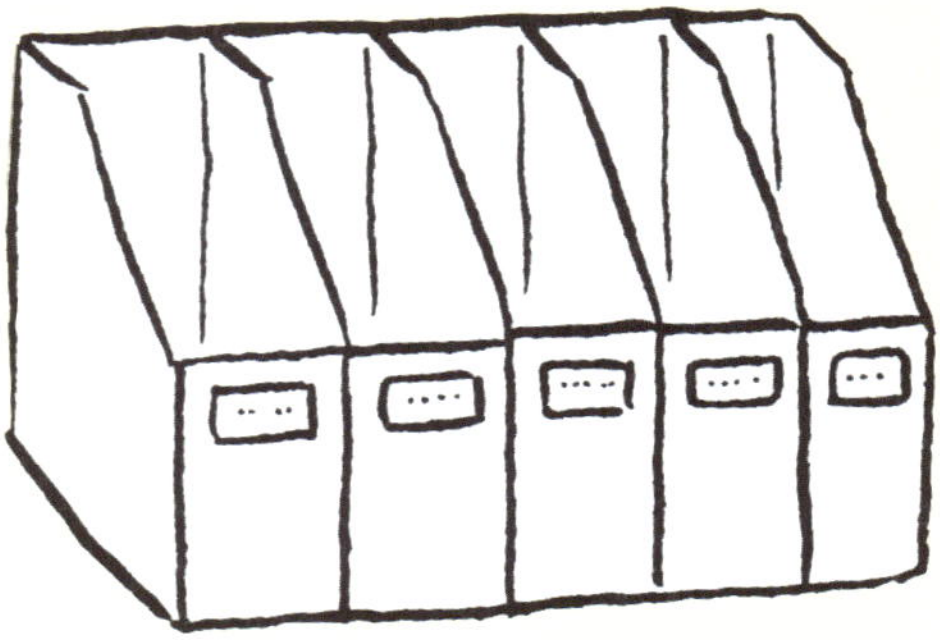

効率《こうりつ》を考《かんが》えたレイアウトを

ゴミ箱《ばこ》は利《き》き手側《てがわ》に置《お》く、毎《まい》日《にち》使《つか》うえんぴつや消《け》しゴム、ペンなどはひとつのトレーにまとめて、使《つか》うときはすぐ出《だ》せるようにしておくなど、使《つか》いやすさを追求《ついきゅう》してみよう。

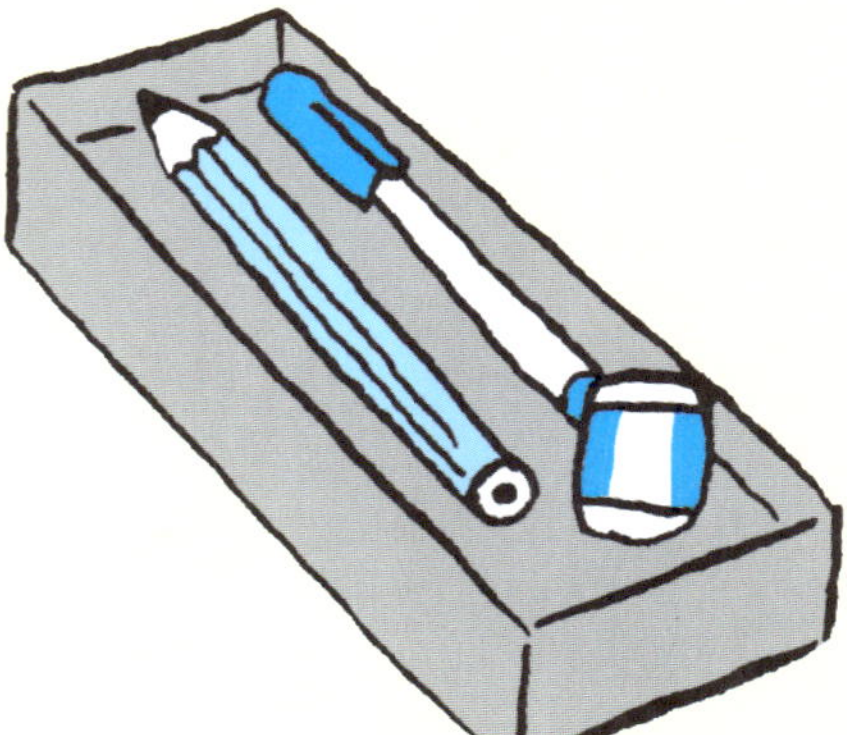

こだわりさん

机《つくえ》の一《いっ》角《かく》を「推《お》しコーナー」にする

「推《お》し」に見守《みまも》られていたほうが勉強《べんきょう》がはかどる、というこだわりさんは、思《おも》いきって机《つくえ》のすみに「推《お》しコーナー」を作《つく》ろう。アクリルスタンドやマスコット人形《にんぎょう》などを、じゃまにならないていどにひとまとめに置《お》いておこう。

ざっくりさん

大《おお》きめのファイルボックスに入《い》れる

こまかい分類《ぶんるい》をしなくてもいいというざっくりさんは、たっぷり入《はい》る大《おお》きめのファイルボックスを用意《ようい》して、「学校《がっこう》」、「塾《じゅく》」、「その他《た》」などのゆるい分類《ぶんるい》でどんどん入《い》れていこう。それだけでも机《つくえ》の上《うえ》がスッキリするね。

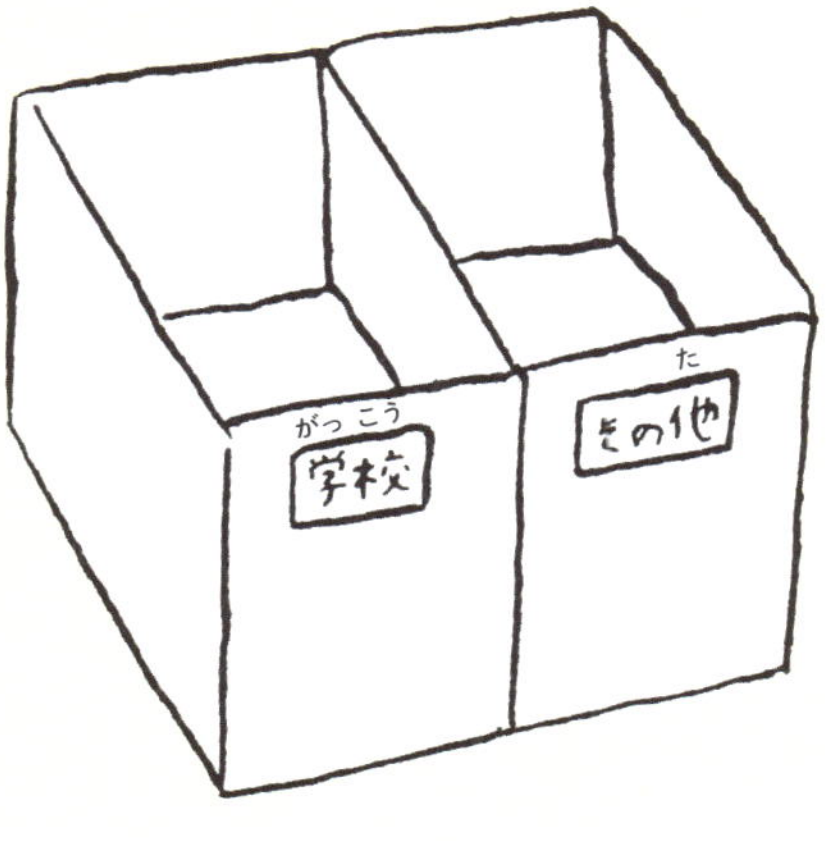

整理整《せいりせい》とん Q《キュー》&《アンド》A《エー》

Q《キュー》

ランドセルの中《なか》の整理整《せいりせい》とんのしかたを教《おし》えて！

教科書《きょうかしょ》やノート、ペンケースなど、入《い》れるものはだいたい決《き》まっているけれど、なんだかゴチャゴチャになってしまいます。ランドセルの中《なか》の整理《せいり》は、どうすればいいの？

A《エー》

教科《きょうか》ごとにまとめたり定位置《ていいち》を決《き》めたり

スペースが限《かぎ》られているから、整理《せいり》が大事《だいじ》。教科書《きょうかしょ》、ノート、ペンケースなど必《かなら》ず入《い》れるものは入《い》れていく順番《じゅんばん》を決《き》めておけば、忘《わす》れものにも気《き》づきやすいよ。そのほかのものは、あいているスペースやポケットに入《い》れよう。入《はい》り切《き》らないものはムリにおしこまず、サブバッグに入《い》れてね。

ペンケースの中《なか》

ときどき中《なか》を出《だ》してチェック！小《ちい》さくなったえんぴつや消《け》しゴム、インクが出《で》ないペンは、使《つか》えるものに入《い》れかえよう。ポーチタイプのペンケースは、入《い》れすぎるとパンパンになってしまいにくくなるので、ほどほどに。

ポーチの中《なか》

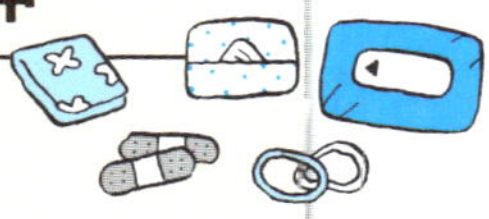

- ハンカチ
- ティッシュ
- ウェットティッシュ

ばんそうこうやヘアゴムを入《い》れておいてもいいね。

ランドセルの中《なか》も整理整《せいりせい》とんされていると気《き》もちがいいね！

教科書《きょうかしょ》・ノート類《るい》

時間割《じかんわり》ごとに並《なら》べて、ランドセルのいちばん大《おお》きなスペースに入《い》れよう。

ペンケース

教科書《きょうかしょ》などといっしょに入《い》れておこう。ペンケースはここ、と決《き》めておけば忘《わす》れないね。

サブバッグ

手《て》に持《も》つタイプとランドセルにさげられるタイプがあるので、使《つか》いやすいものを選《えら》ぼう。

教科《きょうか》ごとにファイルにまとめても

ファスナーつきのクリアケースに、教科《きょうか》ごとに必要《ひつよう》なものをまとめて入《い》れて、クリアケースごとランドセルに入《い》れてもいいね。

ポーチ

ハンカチなどを入《い》れたポーチは、あいている部《ぶ》分《ぶん》に入《い》れておこう。

なんとかしたい

2 机《つくえ》の引《ひ》き出《だ》し

引《ひ》き出《だ》しには、こまかいものを収納《しゅうのう》しよう。ものを分《ぶん》類《るい》して、どこに何《なに》を入《い》れるか決《き》めることがポイント。

Step《ステップ》1 目的《もくてき》

どこに何《なに》があるかわかるように！

たとえば勉強《べんきょう》をしようと思《おも》ったのに、引《ひ》き出《だ》しの中《なか》がごちゃごちゃで文房具《ぶんぼうぐ》を探《さが》すことから始《はじ》めなきゃいけなかったらたいへん。時間《じかん》がかかるだけじゃなく、やる気《き》までなくなっちゃうよね。

引《ひ》き出《だ》しの整理整《せいりせい》とんのポイントは、ものがまざってしまわないように、とにかく「区切《くぎ》って分《わ》ける」こと。

どこに何《なに》が入《はい》っているか開《あ》けたときにすぐわかる、ほしいものが一発《いっぱつ》で取《と》り出《だ》せる引《ひ》き出《だ》しを目指《めざ》そう！

使《つか》おうと思《おも》ったときにこんなに見《み》つからないなんて！
探《さが》しものをしているだけで時間《じかん》がたっちゃうね！

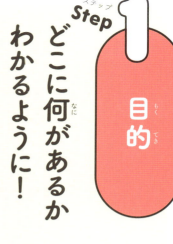

Step《ステップ》 2 分《わ》ける

1 全部《ぜんぶ》出《だ》してみよう

まずは浅《あさ》い引《ひ》き出《だ》しの中《なか》ものを全《ぜん》部《ぶ》出《だ》して、文房具《ぶんぼうぐ》、メモ帳《ちょう》、ノート、道具《どうぐ》、おもちゃなど、種《しゅ》類《るい》ごとに分《わ》けよう。それから深《ふか》い引《ひ》き出《だ》しの中《なか》のものも出《だ》して、分《ぶん》類《るい》してみよう。

26ページのように、ビニールクロスなどをしいてマスキングテープで区切《くぎ》ってから分類《ぶんるい》すると、作《さ》業《ぎょう》しやすいよ。

使《つか》っていないものも 意外《いがい》とあるなあ

はさみや定規《じょうぎ》、テープなどの文房具《ぶんぼうぐ》
ペンや消《け》しゴムなどの筆記用具《ひっきようぐ》と、ノート、メモ帳《ちょう》、プリント、シールなどの紙類《かみるい》
NOTE
MEMO
0.7 B
辞典
のりもの
おもちゃや記念品《きねんひん》などの小物《こもの》
辞書《じしょ》や図鑑《ずかん》などの本《ほん》
ゲームやスマートフォンなど

② どこに入《い》れるか決《き》めよう

ものの分類《ぶんるい》ができたら、それぞれの中《なか》で使《つか》うものと処分《しょぶん》するものに分《わ》けてみよう。それから、使《つか》うものをどこに入《い》れるか考《かんが》えるよ。こまごましたものは浅《あさ》い引《で》き出《だ》しへ、大《おお》きなものや重《おも》いものは深《ふか》い引《ひ》き出《だ》しへ入《い》れると使《つか》いやすいね。

のこした使《つか》うものを、どの段《だん》に入《い》れるか決《き》めよう。それぞれの段《だん》のあきスペースは、ものが増《ふ》えたときに使《つか》えるよ。

Step《ステップ》 3

しまう

ものがまざらないように仕切《しき》ろう

引《ひ》き出《だ》しの中《なか》のものがまざらないようにするには、仕切《しき》りを使《つか》ったり、大《おお》きさをそろえて入《い》れたりすることが大切《たいせつ》。使《つか》ったらその仕切《しき》りの中《なか》にもどすようにすれば、いつもスッキリだね。

探《さが》すときは
もちろん
しまうときも
スムーズに
なるよ！

一番上《いちばんうえ》の段《だん》
筆記用具《ひっきようぐ》や
小物《こもの》など

筆記用具《ひっきようぐ》やクリップ、のり、はさみ、ふせんなどをそれぞれの仕切《しき》りの中《なか》に入《い》れていこう。仕切《しき》りにはトレーやカトラリーケース、おかしのあき箱《ばこ》などを使《つか》うといいよ。よく使《つか》うものは手前《てまえ》に、たまにしか使《つか》わないものは奥《おく》に入《い》れよう。

真《ま》ん中《なか》の段《だん》
メモ帳《ちょう》や
色《いろ》えんぴつなど

メモ帳《ちょう》などの紙類《かみるい》や、ケース入《い》りの色《いろ》えんぴつなど、1つ1つの厚《あつ》みがうすいものを入《い》れよう。大《おお》きさをそろえて入《い》れておけば、何《なに》が入《はい》っているのかわかりやすいね。

一番下《いちばんした》の段《だん》
辞書《じしょ》や図鑑《ずかん》など

深《ふか》い引《ひ》き出《だ》しには、辞書《じしょ》や図鑑《ずかん》のように厚《あつ》みがあって大《おお》きなものをそのまま入《い》れておこう。ノートの予備《よび》やまだ捨《す》てられないプリントなどは、ファイルボックス（四角形《しかくけい》タイプ）に入《い》れておけば仕切《しき》りがわりにもなるよ。記念品《きねんひん》や宝物箱《たからものばこ》などめったに開《あ》けない箱類《はこるい》は奥《おく》のほうに。

おなかの前《まえ》
一時《いちじ》置《お》きスペースに活用《かつよう》

おなかの前《まえ》の浅《あさ》くて大《おお》きな引《ひ》き出《だ》しをいつもからにしておくと、「学校《がっこう》の宿題《しゅくだい》はいったんやめて、塾《じゅく》の宿題《しゅくだい》をする」というときなどに、学《がっ》校《こう》の宿題《しゅくだい》をそのまましまっておけて便利《べんり》だよ。

こだわりさん

仕切《しき》りの色《いろ》をそろえる

　見《み》た目《め》を大切《たいせつ》にしたいこだわりさんは、仕切《しき》りグッズを同《おな》じ形《かたち》や好《す》きな色《いろ》で統一《とういつ》したり、推《お》しカラーのマスキングテープでデコったりしてみよう。自然《しぜん》ときれいな引《ひ》き出《だ》しができあがるよ。

「推《お》し引《ひ》き出《だ》し」を作《つく》る

　こまかい“推《お》しグッズ”がたくさんあるなら、専用《せんよう》の引《ひ》き出《だ》しを１段《だん》決《き》めて、そこへ収納《しゅうのう》していこう。ここ、と決《き》めておけばなくすこともないね。

ざっくりさん

仕《し》切《き》りスペースは大《おお》きめに

引《ひ》き出《だ》しは「文房具《ぶんぼうぐ》などの段《だん》」「重《おも》いものの段《だん》」とざっくり決《き》めて、使《つか》ったらそこへもどそう。それぞれの段《だん》の中《なか》の仕《し》切《き》りもこまかくしないで、「よく使《つか》うもの」「たまに使《つか》うもの」くらいの、ざっくり分《わ》けでOK《オーケー》だよ。

バランスさん

動詞《どうし》（書《か》く・切《き》る・はるなど）で分《わ》ける

文房具《ぶんぼうぐ》や道具《どうぐ》は「動詞《どうし》」で分《ぶん》類《るい》するという方法《ほうほう》もあるよ。「書《か》く」はえんぴつ・ペン・消《け》しゴム・紙《かみ》、「切《き》る」ははさみ・カッター、「はる」はのり・テープなど、その文房具《ぶんぼうぐ》で行《おこな》う動作《どうさ》の言葉《ことば》で分《わ》けておくと、工作《こうさく》をするときなどに探《さが》しやすいよ。

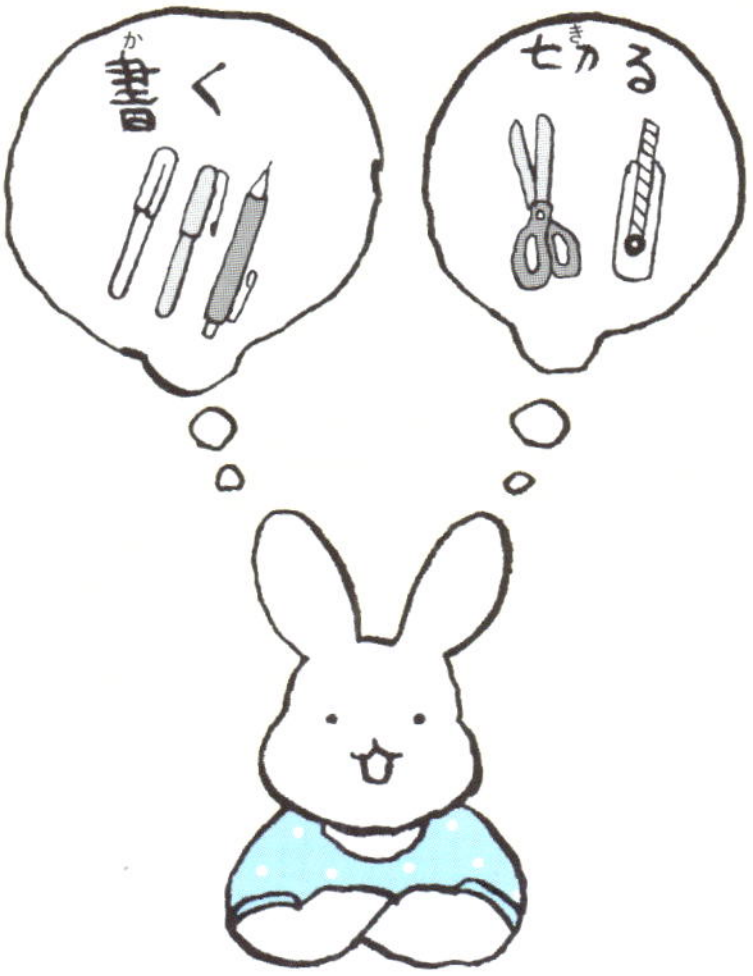

こんな場《ば》合《あい》は

個《こ》室《しつ》がないとき

子《こ》ども部《べ》屋《や》がなく、共《きょう》有《ゆう》スペースに自《じ》分《ぶん》のものを置《お》いているということもあるよね。工《く》夫《ふう》すれば「自《じ》分《ぶん》のスペース」が作《つく》れるよ。

ポイント

自《じ》由《ゆう》に使《つか》える場《ば》所《しょ》はどこか、確《かく》認《にん》する

子《こ》ども部《べ》屋《や》がなくても、リビングの一《いっ》角《かく》やダイニングテーブルの周《しゅう》辺《へん》など、ランドセルや教《きょう》科《か》書《しょ》など自《じ》分《ぶん》のものを置《お》いている場《ば》所《しょ》はあるはず。そのスペースを最《さい》大《だい》限《げん》活《かつ》用《よう》しよう。

リビングやダイニングのどこまでを自《じ》分《ぶん》が使《つか》っていいか、まずはおうちの人《ひと》に確《かく》認《にん》してね。

まずは、自《じ》分《ぶん》のスペースを作《つく》ってほしいことを、おうちの人《ひと》に伝《つた》えて話《はな》し合《あ》おう。

ポイント

四角《しかく》いスペースを作《つく》ってもらう

リビングの棚《たな》の向《む》きを変《か》える、パーテーションやロールカーテンで仕切《しき》るなどすれば、空間《くうかん》を確保《かくほ》することができるよ。共有《きょうゆう》スペースが目《め》に入《はい》らないから、自分《じぶん》のことに集中《しゅうちゅう》できるね。

棚《たな》の向《む》きを変《か》えて共有《きょうゆう》スペースを区切《くぎ》り、四角《しかく》いスペースを作《つく》ろう。

パーテーションやロールカーテンで区切《くぎ》るだけで、自分《じぶん》だけのスペースが生《う》まれるよ。

ポイント

ラックに自分《じぶん》のものを収納《しゅうのう》

自分《じぶん》のスペースにラックなどを置《お》いて、荷物《にもつ》をひとまとめにしておこう。荷物《にもつ》を床《ゆか》に置《お》くのは、ちらかっている印象《いんしょう》になるのでNG《エヌジー》。荷物《にもつ》が増《ふ》えたらS字《エスじ》フックにかけるなどして床《ゆか》に置《お》かない工夫《くふう》をしよう。

教科書《きょうかしょ》・ノートはもちろん、文房具《ぶんぼうぐ》やハンカチなど必要《ひつよう》なものはここでそろうようにしておくと、あちこち動《うご》かずに準備《じゅんび》ができるよ。

学校《がっこう》から持《も》ち帰《かえ》った学習《がくしゅう》アイテムや体操服《たいそうふく》などはS字《エスじ》フックにかけて、浮《う》かせておこう。床《ゆか》に置《お》かないだけで空間《くうかん》がスッキリ見《み》えるよ。

こんな場《ば》合《あい》は

リビング学《がく》習《しゅう》をしている

リビングやダイニングで学習《がくしゅう》をする「リビング学習《がくしゅう》」。勉強《べんきょう》に必要《ひつよう》なものがすぐ手《て》に取《と》れるように整理《せいり》しておこう。

ポイント

リビング学習《がくしゅう》の目的《もくてき》・やり方《かた》をはっきりさせておく

勉強《べんきょう》は「リビングで」と決《き》まっているおうちもあれば、「家《いえ》のどこに移動《いどう》してやってもいい」というおうちもあるよね。

どこでやるにしても、目的《もくてき》は「きちんと勉強《べんきょう》する」こと。いつでも勉強《べんきょう》が始《はじ》められるように、道《どう》具《ぐ》をそろえておくといいよ。

なぜリビング学習《がくしゅう》（または移動式《いどうしき》）がいいのか、おうちの人《ひと》の思《おも》いと、きみたちの思《おも》いではちがうかもしれないので、話《はな》し合《あ》っておこう。

ポイント

勉強《べんきょう》セットはリビングに置《お》く

リビングで学習《がくしゅう》をするのなら、リビングに勉強道具《べんきょうどうぐ》を置《お》いておこう。家族共有《かぞくきょうゆう》の棚《たな》があれば、その１段《だん》を使《つか》わせてもらえるとベストだね。文房具《ぶんぼうぐ》は学校用《がっこうよう》とは別《べつ》に、リビング学習用《がくしゅうよう》のものを用意《ようい》しておくといいよ。

リビングの棚《たな》に自分《じぶん》のものを置《お》かせてもらったら、そこに置《お》いてあったものは子《こ》ども部屋《べや》に移動《いどう》するなど、ゆずり合《あ》って使《つか》おう。

ポイント

移動《いどう》スタイルならワゴンにまとめて

勉強《べんきょう》するのがリビングでも、廊下《ろうか》でも、子《こ》ども部屋《べや》でもＯＫ《オーケー》という場合《ばあい》は、移動《いどう》できるワゴンに勉強道具《べんきょうどうぐ》をまとめておくと便利《べんり》だよ。やりたいと思《おも》ったときにすぐにできるのがいいね。

文房具《ぶんぼうぐ》は、まとめておける仕切《しき》りボックスに入《い》れれば、取《と》り出《だ》しにも便利《べんり》。

こんな場合《ばあい》は

きょうだいと部屋《へや》を共有《きょうゆう》している

子《こ》ども部屋《べや》はきょうだいと使《つか》っているという場合《ばあい》でも、自分《じぶん》のスペースを大事《だいじ》にすることはできるよ。

ポイント

いっしょに使《つか》うスペースと、個人《こじん》のスペースを作《つく》る

きょうだいでいっしょに使《つか》う共《きょう》有《ゆう》スペースと、自分《じぶん》のものを置《お》く個人《こじん》スペースを分《わ》けておこう。

このとき大切《たいせつ》なのが、共有《きょうゆう》スペースはおたがいに気《き》もちよく使《つか》えるようにしておくこと。個人《こじん》スペースには口出《くちだ》ししない、というルールも作《つく》っておこう。

相手《あいて》の個別《こべつ》スペースがちらかっていても、口出《くちだ》ししないこと。

ポイント

寝《ね》る、勉強《べんきょう》する、遊《あそ》ぶスペースを分《わ》ける

自《じ》分《ぶん》は寝《ね》ようとしているのにきょうだいがゲームをしている、勉強《べんきょう》をしているのにきょうだいがまんがを読《よ》んでいるということがあると、集中《しゅうちゅう》できないよね。「ここは寝《ね》る場《ば》所《しょ》」「ここは本《ほん》を読《よ》む場《ば》所《しょ》」というふうに、ざっくりでいいのでゾーンを分《わ》けておこう。

寝《ね》るゾーン、勉強《べんきょう》するゾーン、遊《あそ》ぶゾーンを分《わ》けて、おたがいがやっていることに集中《しゅうちゅう》できるようにしよう。

ポイント

何《なん》でも入《い》れてO《オー》K《ケー》なボックスを用《よう》意《い》

きょうだいそれぞれに、「何《なん》でもボックス」を用《よう》意《い》して、折《お》り紙《がみ》やお絵《え》かき、手《て》作《づく》りの小《こ》物《もの》やちょっとしたおもちゃなど、とりあえずとっておきたいものを入《い》れておこう。あふれるほどいっぱいになったら、整《せい》理《り》してね。

相《あい》手《て》のものが落《お》ちていたら、ボックスに入《い》れておいてあげよう。

意外《いがい》と
場所《ばしょ》をとるから
スペースはしっかり
確保《かくほ》しよう

整理整《せいりせい》とん Q《キュー》&《アンド》A《エー》

Q《キュー》 学習《がくしゅう》アイテムの片《かた》づけを教《おし》えて！

絵《え》の具《ぐ》セット、習字道具《しゅうじどうぐ》、けんばんハーモニカなど、大《おお》きさも形《かたち》もバラバラな学習《がくしゅう》アイテム、どこに片《かた》づければいいの？

A《エー》 クローゼットや押《お》し入《い》れにスペースを作《つく》ろう

学習《がくしゅう》アイテムの収納場所《しゅうのうばしょ》は、クローゼットや押《お》し入《い》れなどの奥《おく》でいいので、定位置《ていいち》を決《き》めておきたいね。あちこちに置《お》くとどこへしまったかわからなくなってしまうから、1か所《しょ》にまとめて保管《ほかん》しておこう。

持《も》ち帰《かえ》ったら中身《なかみ》の確認《かくにん》を

絵《え》の具《ぐ》セットや習字道具《しゅうじどうぐ》は、持《も》って帰《かえ》ってきたらそのままにしないで、中《なか》をチェックしよう。パレットやすずり、筆《ふで》を洗《あら》ったり、たりないものをたしたりして、次《つぎ》もすぐに使《つか》えるように準備《じゅんび》しておこう。

- **絵《え》の具《ぐ》セット…パレット、筆《ふで》を洗《あら》う／絵の具《ぐ》のチェック**
- **習字道具《しゅうじどうぐ》…すずり、筆《ふで》を洗《あら》う／ぼくじゅうのチェック**
- **裁縫《さいほう》セット…必要《ひつよう》な道具《どうぐ》がそろっているかチェック**
- **リコーダー、けんばんハーモニカ…口《くち》をつける部分《ぶぶん》を洗《あら》う**
- **お道具箱《どうぐばこ》…中《なか》に入《い》れておくもののチェック／箱《はこ》がこわれていないか**

ポイント

クローゼットや押《お》し入《い》れに収《しゅう》納《のう》しよう

クローゼットや押《お》し入《い》れに、学習《がくしゅう》アイテムを置《お》くスペースを作《つく》っておこう。長期休《ちょうきやす》みの前《まえ》に学校《がっこう》から持《も》ち帰《かえ》ったものも置《お》けるように、よゆうをもっておくといいよ。棚《たな》の1段分《だんぶん》を学習《がくしゅう》アイテム用《よう》スペースにしても。

ポイント

フックにかける

学習《がくしゅう》アイテムには持《も》ち手《て》がついているから、「かける収納《しゅうのう》」がしやすいよ。S字《エスじ》フックも活用《かつよう》しよう。持《も》ち手《て》がなくてクローゼットや押《お》し入《い》れにも入《はい》らないものは、大《おお》きめの箱《はこ》に入《い》れて、ひとまとまりにしておけば見《み》た目《め》もスッキリ。

なんとかしたい
3

本《ほん》棚《だな》

小説《しょうせつ》やまんが、雑誌《ざっし》、図鑑《ずかん》など、増《ふ》えていく一方《いっぽう》の本《ほん》。選《えら》びやすくて、本《ほん》が読《よ》みたくなる本棚《ほんだな》を目指《めざ》して、さっそく片《かた》づけスタート！

Step《ステップ》1 目的《もくてき》

並《なら》べ方《かた》を工夫《くふう》して、選《えら》びやすく！

本《ほん》は、読《よ》みたいときにすぐに手《て》に取《と》れるように整理《せいり》しておきたいもの。よく読《よ》む本《ほん》、読《よ》み終《お》わったけど大切《たいせつ》にしたい本《ほん》、大好《だいす》きなまんがなど、本《ほん》には好《この》みや趣味《しゅみ》、思《おも》い入《い》れがつまっているから迷《まよ》ってしまうけれど、自分《じぶん》なりに判断《はんだん》していこう。

まんがに小説《しょうせつ》
大《おお》きな本《ほん》に小《ちい》さな本《ほん》
種類《しゅるい》が多《おお》すぎて
ゴチャゴチャに
なっちゃう！

いろいろな
種類《しゅるい》の本《ほん》を
どう並《なら》べるか
本屋《ほんや》さんや図書館《としょかん》が
お手本《てほん》になるね

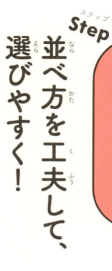

Step《ステップ》 2 分《わ》ける

1 全部出《ぜんぶだ》してみよう

本棚《ほんだな》の本《ほん》を全部出《ぜんぶだ》して、小説《しょうせつ》、まんが、趣味《しゅみ》の本《ほん》、雑誌《ざっし》、図鑑《ずかん》、辞典《じてん》などに分類《ぶんるい》しよう。趣味《しゅみ》の本《ほん》は、さらにスポーツ、音楽《おんがく》、手芸《しゅげい》などにも分類《ぶんるい》できるね。どれくらい細《こま》かくわけるかは、自分《じぶん》しだいでいいよ。

まんが 小説《しょうせつ》
それ以外《いがい》
くらいの
分《わ》け方《かた》で
いいかも

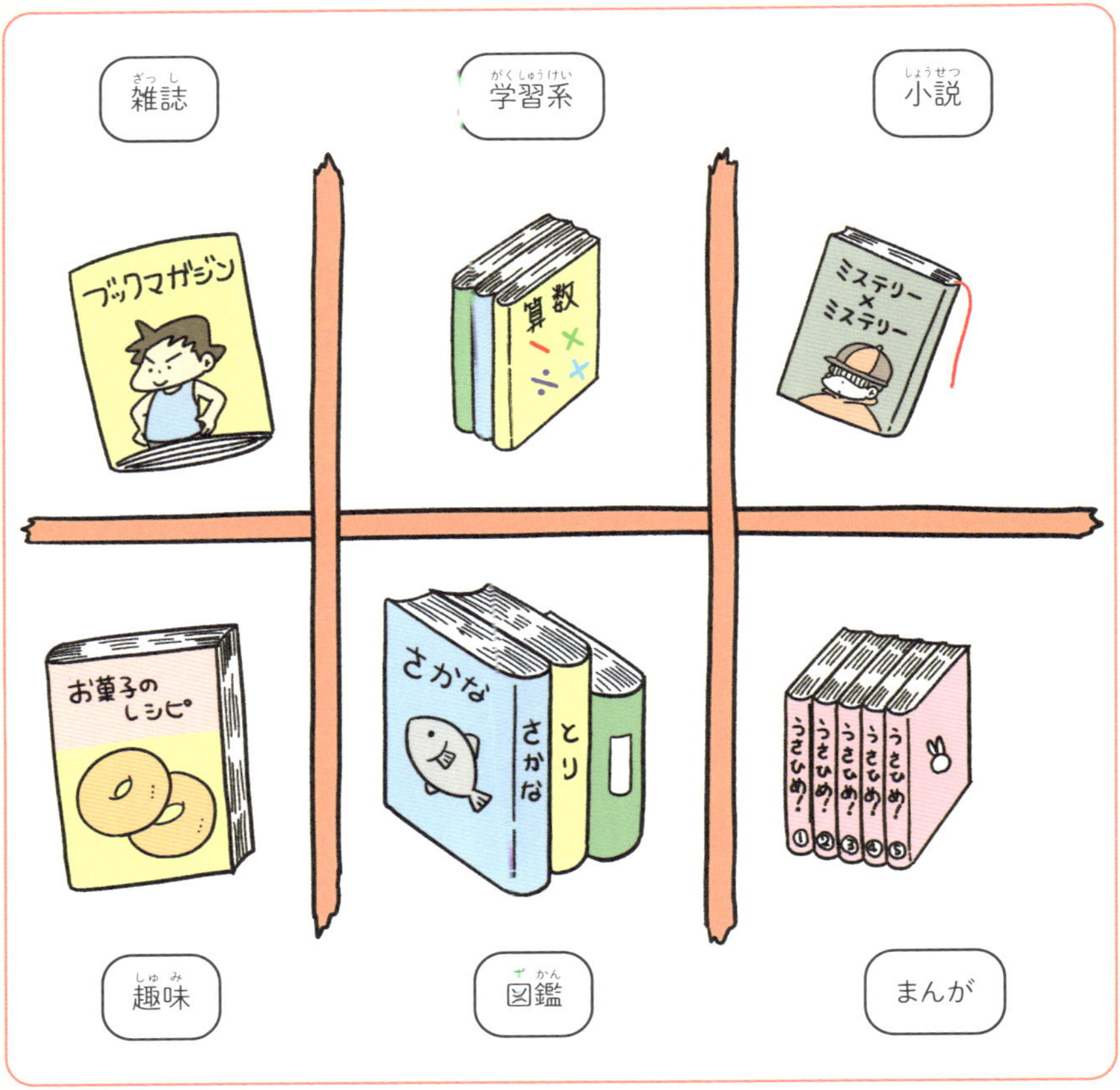
雑誌《ざっし》
学習系《がくしゅうけい》
小説《しょうせつ》
ブックマガジン
算数
ミステリー×ミステリー
お菓子のレシピ
さかな
さかな
とり
うさひめ!①
うさひめ!②
うさひめ!③
うさひめ!④
うさひめ!⑤
趣味《しゅみ》
図鑑《ずかん》
まんが

2 読《よ》む本《ほん》・読《よ》まない本《ほん》に分《わ》けよう

分類《ぶんるい》ができたら、読む本《ほん》と読《よ》まない本《ほん》に分《わ》けるよ。「この本《ほん》は手《て》放《ばな》せない、いつもここに置《お》いておきたい」という本《ほん》も読《よ》む本《ほん》の仲間《なかま》に入《い》れてOK《オーケー》。こうしていくと、自分《じぶん》にとって必要《ひつよう》な本《ほん》の量《りょう》が見《み》えてくるね。

仕《し》分《わ》け中《ちゅう》に
読《よ》み始《はじ》めないよう
気《き》をつけて！
作《さ》業《ぎょう》がとまっちゃうよ

よく読《よ》む本《ほん》、必《かなら》ず読《よ》む本《ほん》

よく読《よ》んでいる本《ほん》やこれから必《かなら》ず読《よ》む本《ほん》。買《か》ったばかりの本《ほん》もここだね。

置《お》いておきたい本《ほん》

たまに見返《みかえ》すお気《き》に入《い》りの本《ほん》、置《お》いてあるだけでハッピーになる本《ほん》など。

これからも増《ふ》えていく本《ほん》

連載中《れんさいちゅう》のまんが、シリーズものの小説《しょうせつ》など集《あつ》めている本《ほん》は巻数《かんすう》をそろえてまとめておこう。

もう読《よ》まない本《ほん》

何年《なんねん》も開《ひら》いていない、いつか読《よ》もうと思《おも》いながら結局《けっきょく》読《よ》んでいない本《ほん》は、段《だん》ボール箱《ばこ》などに入《い》れて、クローゼットや押《お》し入《い》れにしまっておく。大《おお》そうじのタイミングで見直《みなお》し、処分《しょぶん》しよう。

Step《ステップ》3

しまう

読《よ》む本《ほん》を並《なら》べよう

本棚《ほんだな》は、取《と》り出《だ》しにくい上《うえ》の段《だん》にはあまり読《よ》まない本《ほん》、取《と》り出《だ》しやすい真《ま》ん中《なか》の段《だん》に好《す》きな本《ほん》やよく読《よ》む本《ほん》、やや取《と》りだしにくい下《した》の段《だん》に大《おお》きい本《ほん》や重《おも》い本《ほん》を入《い》れるのが基本《きほん》だよ。

ブックエンドやファイルボックスでなだれ防止《ぼうし》

本《ほん》を入《い》れたらブックエンドでたおれないようにしておこう。雑誌《ざっし》やうすい本《ほん》はファイルボックスに入《い》れておけば安定《あんてい》するよ。

よく読《よ》む本《ほん》は腰《こし》から上《うえ》の高《たか》さに

出《だ》し入《い》れすることの多《おお》い本《ほん》、よく読《よ》む本《ほん》は、取《と》り出《だ》しやすい高《たか》さの棚《たな》に入《い》れておこう。

2列《れつ》に並《なら》べる場合《ばあい》は段差《だんさ》をつける

2列《れつ》（手前《てまえ》と奥《おく》）に並《なら》べる場合《ばあい》は、奥《おく》が高《たか》くなるように台《だい》を置《お》いて並《なら》べると、タイトルが見《み》やすいよ。

本《ほん》の高《たか》さをそろえる

本《ほん》の高《たか》さをそろえて、じょじょに高《たか》さが変《か》わっていくように並《なら》べると見《み》た目《め》もきれい。

あまり読《よ》まない本《ほん》は上《うえ》の棚《たな》へ

あまり読《よ》まないけれど、大切《たいせつ》な本《ほん》は、手《て》が届《とど》きにくくてもいい場所《ばしょ》へ。

ざっくりさんの本棚《ほんだな》

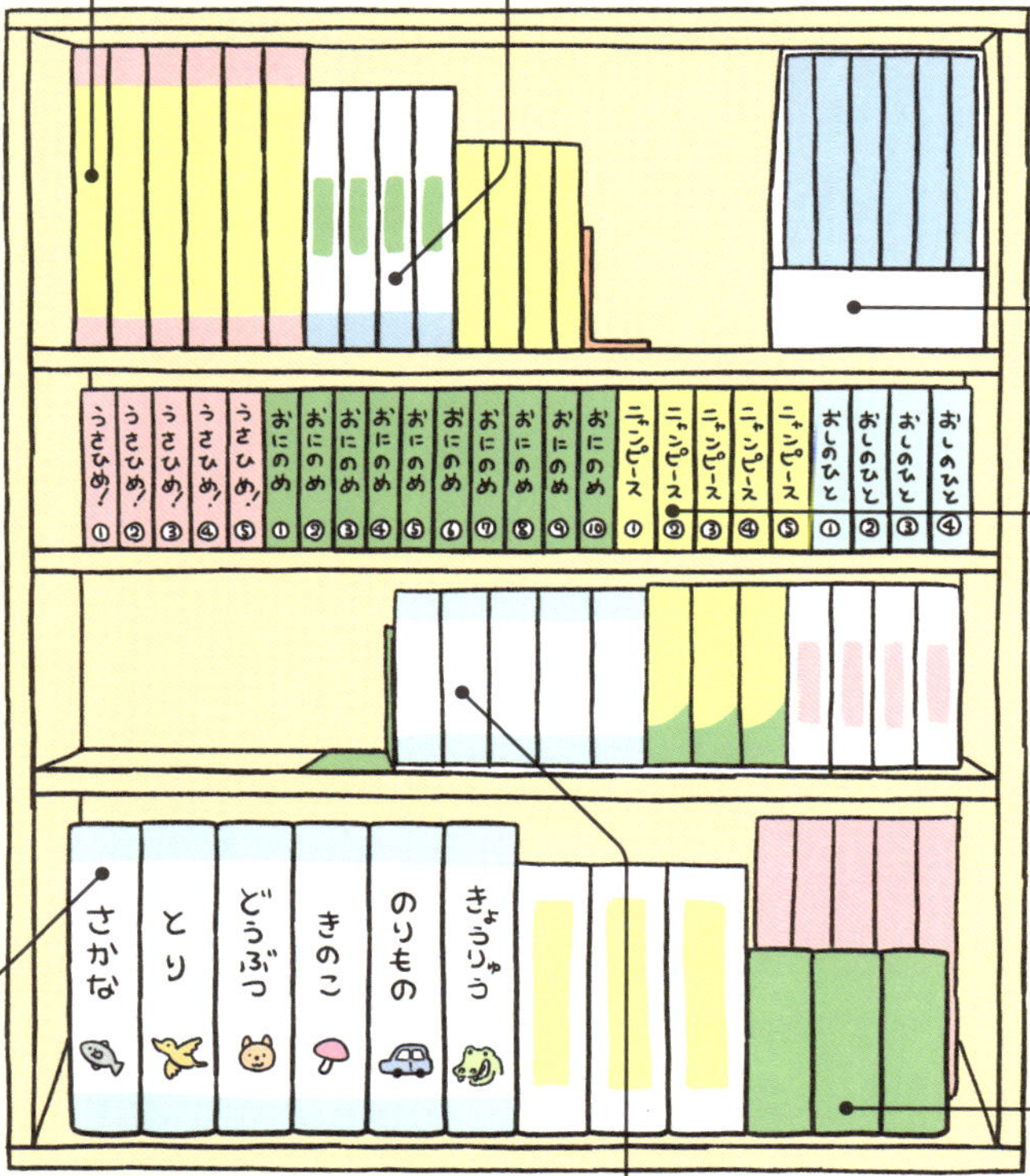

重《おも》たい本《ほん》は下《した》の棚《たな》へ

図鑑《ずかん》など重《おも》たい本《ほん》は、下《した》の棚《たな》に入《い》れると本棚《ほんだな》が安定《あんてい》するよ。

連載中《れんさいちゅう》の本《ほん》はスペースによゆうを

集《あつ》めているまんがは、スペースによゆうをもたせて収納《しゅうのう》しよう。箱《はこ》に収納《しゅうのう》していって、増《ふ》えたら箱《はこ》ごと増《ふ》やしていくのも手《て》だよ。

きっちりさん

シンプルなブックカバーを手作《てづく》り

本《ほん》は大《おお》きさもカバーのデザインもバラバラだから、並《なら》べたときにゴチャゴチャした印象《いんしょう》になるよね。気《き》になるきっちりさんは、シンプルな無地《むじ》の紙《かみ》でブックカバーを作《つく》るのがおすすめ。タイトルと分野別《ぶんやべつ》のマークをかくなどして、わかりやすくしておこう。

借《か》りている本《ほん》の置《お》き場《ば》を作《つく》る

図書室《としょしつ》や図書館《としょかん》で借《か》りてきた本《ほん》には、「指定席《していせき》」を作《つく》ろう。本棚《ほんだな》のそばにカゴを置《お》いて、借《か》りた本《ほん》と持《も》ち運《はこ》び用《よう》のバッグを入《い》れておけば、借《か》りに行《い》くのも返《かえ》しに行《い》くのも気軽《きがる》。目《め》につくところに置《お》いておけば、読《よ》み忘《わす》れも防《ふせ》げるよ。

こだわりさん

背表紙《せびょうし》の色別《いろべつ》に並《なら》べる

本《ほん》もインテリアのひとつと考《かんが》えるなら、背表紙《せびょうし》の色別《いろべつ》に並《なら》べていく方法《ほうほう》も。白《しろ》っぽい背表紙《せびょうし》、青《あお》っぽい背表紙《せびょうし》、など色《いろ》で分類《ぶんるい》して、色《いろ》ごとにまとめて並《なら》べていくんだ。もどすときはジャンルを考《かんが》えず、色《いろ》で判断《はんだん》すればいいのでラク。

雑誌《ざっし》はスクラップして

定期的《ていきてき》に読《よ》んでいる雑誌《ざっし》は、どんどん増《ふ》えていくから、気《き》に入《い》ったページだけ切《き》り取《と》って、ポケットファイルに入《い》れたりスクラップブックにはったりすれば、スペースの節約《せつやく》になるよ。

バランスさん

作者別《さくしゃべつ》・出版社別《しゅっぱんしゃべつ》など手《て》に取《と》りやすい分類《ぶんるい》で

たとえば文庫本《ぶんこぼん》の場合《ばあい》、本屋《ほんや》さんでは出版社別《しゅっぱんしゃべつ》、図書館《としょかん》では作者別《さくしゃべつ》に並《なら》んでいたりするよね。バランスさんのきみは、どちらのほうが手《て》に取《と》りやすいかな？　迷《まよ》ったら片《かた》づけやすいほうを選《えら》ぼう。

整《せい》理《り》整《せい》とん Q《キュー》&《アンド》A《エー》

教科《きょうか》のプリント

Q《キュー》

どんどん増《ふ》えるプリント・手《て》紙《がみ》の整《せい》理《り》はどうすればいい？

授業《じゅぎょう》で配《くば》られるプリントや、おうちの人《ひと》にわたす手《て》紙《がみ》って、どんどん増《ふ》えていってどうしていいかわからない！　どんな整《せい》理《り》のしかたがありますか？

A《エー》

単《たん》元《げん》が終《お》わったら箱《はこ》へ移《い》動《どう》し、年《ねん》度《ど》末《まつ》に処《しょ》分《ぶん》

授業《じゅぎょう》で配《くば》られるプリントを入《い》れておくための、大《おお》きめの箱《はこ》を1つ用《よう》意《い》しよう。その単《たん》元《げん》の学《がく》習《しゅう》が終《お》わったら箱《はこ》に移《うつ》し、1年《ねん》間《かん》保《ほ》存《ぞん》。年《ねん》度《ど》末《まつ》になったら見《み》直《なお》していらないものは処《しょ》分《ぶん》しよう。

教《きょう》科《か》のプリントの流《なが》れ

- **授業《じゅぎょう》でもらう…**授業中《じゅぎょうちゅう》に配《くば》られるプリントや小《しょう》テストなどは、学習《がくしゅう》をしている間《あいだ》はクリアファイルなどに保存《ほぞん》。先生《せんせい》によっては「ノートにはる」「穴《あな》をあけてファイリング」の場合《ばあい》もあるから、指示《しじ》にしたがおう。
- **終《お》わったら箱《はこ》へ…**クリアファイルにはさんでいたプリントを箱《はこ》に移《うつ》そう。1つの箱《はこ》にすべての教科《きょうか》を入《い》れてしまってOK《オーケー》。
- **年度末《ねんどまつ》に処分《しょぶん》…**箱《はこ》にたまったプリントを見直《みなお》して、いらないものは処分《しょぶん》しよう。

おうちの人《ひと》への手紙《てがみ》

A《エー》

手紙《てがみ》を出《だ》す場所《ばしょ》を決《き》めて。はるときは日時《にちじ》の順《じゅん》に

おうちの人《ひと》向《む》けの学校《がっこう》の手紙《てがみ》は、おうちの人《ひと》と相談《そうだん》して、「手紙《てがみ》はこのクリアファイル（トレー）に入《い》れる」などと決《き》めて、きちんと出《だ》そう。行事《ぎょうじ》が終《お》わったり用《よう》がすんだりした手紙《てがみ》は「賞味期限切《しょうみきげんぎ》れ」なので処分《しょぶん》しよう。

ほっ！

行事《ぎょうじ》の手紙《てがみ》をはるときは日《ひ》づけ順《じゅん》に

行事《ぎょうじ》の手紙《てがみ》を冷蔵庫《れいぞうこ》やかべにはるときは、いつも日《ひ》づけのいちばん近《ちか》い行事《ぎょうじ》がいちばん上《うえ》になるようにしておこう。

おうちの人《ひと》向《む》けの手紙《てがみ》の分類《ぶんるい》

- **読《よ》めばOK《オーケー》のもの**

学校《がっこう》からの報告《ほうこく》や学級通信《がっきゅうつうしん》など、
すぐに読《よ》んで理解《りかい》すればそれでよいもの。

- **1年間《ねんかん》保管《ほかん》するもの**

学校《がっこう》の決《き》まりや年間行事《ねんかんぎょうじ》など、1年間《ねんかん》保管《ほかん》しておくもの。

- **行事《ぎょうじ》のお知《し》らせ**

保護者会《ほごしゃかい》や運動会《うんどうかい》など保護者《ほごしゃ》が学校《がっこう》へ行《い》く行事《ぎょうじ》のお知《し》らせ。

おうちの人《ひと》にも
見《み》せて 処分《しょぶん》するか
保管《ほかん》するか判断《はんだん》して
もらってね

なんとかしたい

4 クローゼット

「今日《きょう》は何《なに》を着《き》ようかな？」というとき、服《ふく》を見《み》わたせて、取《と》り出《だ》しやすく収納《しゅうのう》されていたら着《き》がえがスムーズにできるよね。クローゼットを上手《じょうず》に活用《かつよう》しよう！

Step《ステップ》1 目的《もくてき》

1か所《しょ》でコーディネートが完成《かんせい》する・衣《ころも》がえがラクなクローゼットにしよう！

着《き》がえに必要《ひつよう》なトップス、ボトムス、くつ下《した》、ハンカチはクローゼットに集《あつ》めて、1か所《しょ》でコーディネートが完成《かんせい》するように整理《せいり》しよう。あちこちに取《と》りに行《い》かなくてすむから、いそがしい朝《あさ》でもゆとりが生《う》まれるよ。

また、すべての服《ふく》をクローゼットに収納《しゅうのう》すれば、衣《ころも》がえの季節《きせつ》に入《い》れかえをするのがラクだよ。

推《お》しカラーの服《ふく》は
まとめて
おこうかな

1か所《しょ》ですべてが
そろう収納《しゅうのう》を
「コックピット
収納《しゅうのう》」というの

Step《ステップ》 2 分《わ》ける

1 アイテム別《べつ》に分《わ》けよう

T《ティー》シャツ、えりつきのシャツ、パーカー、ズボン、スカート、コートなど、クローゼットの中《なか》の服《ふく》をアイテム別《べつ》に分類《ぶんるい》しよう。さらに、夏《なつ》もの・冬《ふゆ》ものに分《わ》けておこうね。分類《ぶんるい》したら、もう小《ちい》さくなったものや破《やぶ》れたもの、シミだらけ、ヨレヨレなど、もう着《き》ない服《ふく》は箱《はこ》や袋《ふくろ》にまとめておこう。

もう
着《き》れない服《ふく》も
けっこう
あるかも！

パーカー・セーター
えりつきのシャツ
T《ティー》シャツ（半《はん》そで・長《なが》そで）
くつ下《した》・下着《したぎ》
コートなど
ズボン
スカート

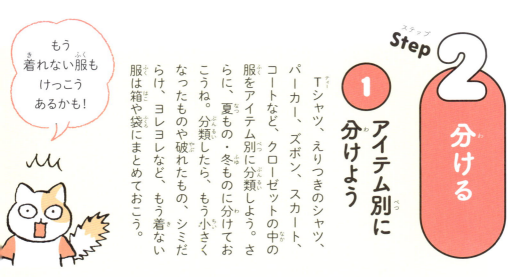

お出《で》かけ用《よう》の
服《ふく》は かけて
おきたいな

2 ハンガーにかけるものとたたんで収納《しゅうのう》するものに分《わ》けよう

ハンガーにかけてつるす服《ふく》と、引《ひ》き出《だ》しに収納《しゅうのう》する服《ふく》を分《わ》けよう。シワがついてほしくないもの、たたむとかさばって収納《しゅうのう》しづらいものはハンガーに、かけるとのびてしまうもの、コンパクトにたためるものは引《ひ》き出《だ》しに入《い》れるといいよ。くつ下《した》や下着《したぎ》、ハンカチなどの小物《こもの》も引《ひ》き出《だ》しに入《い》れよう。

かけて収納《しゅうのう》

・ワンピースやお出《で》かけ用《よう》の服《ふく》
・コートやジャケット

たたんで収納《しゅうのう》

・T《ティー》シャツ
・スカート
・ズボン

ブラウスやシャツは
素材《そざい》や収納《しゅうのう》する
スペースを見《み》ながら
かけるかたたむか
決《き》めればいいね

Step《ステップ》 3 しまう

選《えら》びやすく収《しゅう》納《のう》しよう

クローゼットのバーにかけるときは、いまの季《き》節《せつ》に着《き》る服《ふく》は真《ま》ん中《なか》から利《き》き手《て》側《がわ》に、季《き》節《せつ》はずれの服《ふく》はその反《はん》対《たい》側《がわ》に寄《よ》せてかけていこう。

引《ひ》き出《だ》しタイプの衣《い》装《しょう》ケースには、いちばん上《うえ》の段《だん》にくつ下《した》・下《した》着《ぎ》・ハンカチ、次《つぎ》の段《だん》にトップス、その下《した》にボトムスを入《い》れるよ。おしゃれ小《こ》物《もの》も収《しゅう》納《のう》しておけば、コーディネートはここで完《かん》成《せい》！

おしゃれ小物《こもの》

帽子《ぼうし》やバッグはS字《エスじ》フックにかけたり、ファイルボックスに入《い》れたりしてもいいね。

休日《きゅうじつ》に着《き》るとっておきの服《ふく》

「とっておきゾーン」を決《き》めて、大切《たいせつ》な服《ふく》はまとめてかけておこう。

学習《だくしゅう》アイテム

学習《がくしゅう》アイテムを収納《しゅうのう》する場所《ばしょ》を決《き》めて、いつも同《おな》じところに置《お》いておこう。

き出《だ》しは上《うえ》から小《こ》物《もの》、トップス、ボトム
の順《じゅん》で入《い》れていこう（68～69ページも
てね）。

保管《ほかん》しておくもの

もう着《き》ない服《ふく》や読《よ》んでいない本《ほん》（53ページを見《み》てね）など、保管《ほかん》するものは、手《て》が届《とど》きにくいあきスペースに入《い》れておこう。大《おお》そうじのときに見直《みなお》して処分《しょぶん》してね。

手袋《てぶくろ》やマフラーはカゴに

季節用品《きせつようひん》はカゴなどに入《い》れてまとめ、使《つか》う時期《じき》になったら取《と》り出《だ》しやすい場所《ばしょ》へ。

バーにかける

季節《きせつ》の服《ふく》は取《と》り出《だ》しやすい位置《いち》に、季節《きせつ》はずれの服《ふく》ははしに寄《よ》せておこう。

引《ひ》き出《だ》しはアイテム別《べつ》

ざっくりさん

たたまずにカゴにポンでOK《オーケー》

たたんだりハンガーにかけたりするのはめんどうだな、というざっくりさんは、「たたまない」と割《わ》り切《き》ってもいいね。トップスのカゴとボトムスのカゴを用《よう》意《い》して、たたまずに入《い》れるだけでもいいし、クルクルっと丸《まる》めてそれぞれの引《ひ》き出《だ》しに入《い》れてもいいよ。大事《だいじ》なのは、床《ゆか》にぬぎっぱなしにしないこと！

服《ふく》の量《りょう》を減《へ》らして管理《かんり》をラクに

そもそも服《ふく》の量《りょう》が多《おお》いと、カゴもすぐにいっぱいになってしまう。

もう着《き》ていない服《ふく》や小《ちい》さくなった服《ふく》は処分《しょぶん》して、お気《き》に入《い》りの服《ふく》だけを残《のこ》そう。量《りょう》を減《へ》らして収納場所《しゅうのうばしょ》によゆうができると、しまうのも取《と》り出《だ》すのもラクになるよ。

きっちりさん

色《いろ》やがら別《べつ》に分《わ》けて収《しゅう》納《のう》

仕分《しわ》けをするのが苦《く》にならないきっちりさんは、バーにかけるトップスを白《しろ》・黒《くろ》・色《いろ》・がらで分《わ》けてもいいね。そうやって仕《し》分《わ》けていくと、自分《じぶん》はどんな服《ふく》が好《す》きなのか、傾向《けいこう》が見《み》えてくるから、次《つぎ》の服《ふく》を選《えら》ぶときの参《さん》考《こう》にもなるよ。

バランスさん

着《き》た服《ふく》は利《き》き手《て》側《がわ》にかける

収納《しゅうのう》のしかたに迷《まよ》っているバランスさんは、着《き》た服《ふく》をもどすときに、利《き》き手《て》側《がわ》にかけていくようにしてみよう。だんだんよく着《き》る服《ふく》がまとまってきて、いつの間《ま》にか仕分《しわ》けされていくよ。

コートやジャンパーなどは、フックにかけるだけ、カゴに入《い》れるだけの簡単収納《かんたんしゅうのう》に。

こんな
場合《ばあい》は

服《ふく》は引《ひ》き出《だ》しに収納《しゅうのう》している

クローゼットではなく、引《ひ》き出《だ》しタイプの衣《い》装《しょう》ケースに服《ふく》を収納《しゅうのう》していることも多《おお》いよね。基本的《きほんてき》な引《ひ》き出《だ》しの使《つか》い方《かた》を覚《おぼ》えておこう。

ポイント

ふだん着《ぎ》が出《だ》しやすいように収納《しゅうのう》

引《ひ》き出《だ》しは上《うえ》の段《だん》にはくつ下《した》・下着《したぎ》・ハンカチ、次《つぎ》の段《だん》にトップス、その下《した》の段《だん》にボトムスを入《い》れていこう。

引《ひ》き出《だ》しのサイズにもよるけれど、ふだん着《き》る季節《きせつ》の服《ふく》を手前《てまえ》に、季節《きせつ》はずれの服《ふく》を奥《おく》に入《い》れておけば、衣《ころも》がえのときは前後《ぜんご》を入《い》れかえるだけですむよ。

くつ下《した》・下着《したぎ》・ハンカチなどを入《い》れよう。仕切《しき》るかどうかは好《この》みでいいけれど、くつ下《した》は左《さ》右《ゆう》がバラバラにならないように気《き》をつけてね。

上半身《じょうはんしん》に着《き》るトップスは上《うえ》の段《だん》へ、下《した》にはくズボンやスカートは下《した》の段《だん》へというように、着《き》るイメージとしまう段《だん》を合《あ》わせてみよう。かえのパジャマや体操服《たいそうふく》などは、ふだん着《ぎ》とは分《わ》けて下《した》の段《だん》へ。

ポイント

たたんだ服《ふく》は立《た》てて入《い》れよう

引《ひ》き出《だ》しを開《あ》けたら、何《なに》が入《はい》っているかひと目《め》でわかるように、服《ふく》は立《た》てて入《い》れるのが基本《きほん》だよ。たたみ方《かた》は72～75ページを見《み》てね。

重《かさ》ねて入《い》れると
下《した》のものが
見《み》えないからね

ケースやブックエンドを利用《りよう》して仕切《しき》ってもいいね。

ポイント

アイテム別《べつ》の引《ひ》き出《だ》しを増《ふ》やしてもOK《オーケー》

1年分《ねんぶん》のトップスやボトムスが引《ひ》き出《だ》しに入《はい》りきらないときは、引《ひ》き出《だ》しを増《ふ》やして重《かさ》ねておけるといいね。使《つか》いやすいサイズの目安《めやす》は、高《たか》さ15～18センチ、奥行《おくゆ》き45センチ、幅《はば》40センチくらい。何《なに》が入《はい》っているかわかるようにラベル（90ページを見《み》てね）をはって、衣《ころも》がえのときに引《ひ》き出《だ》しごと入《い》れかえよう。

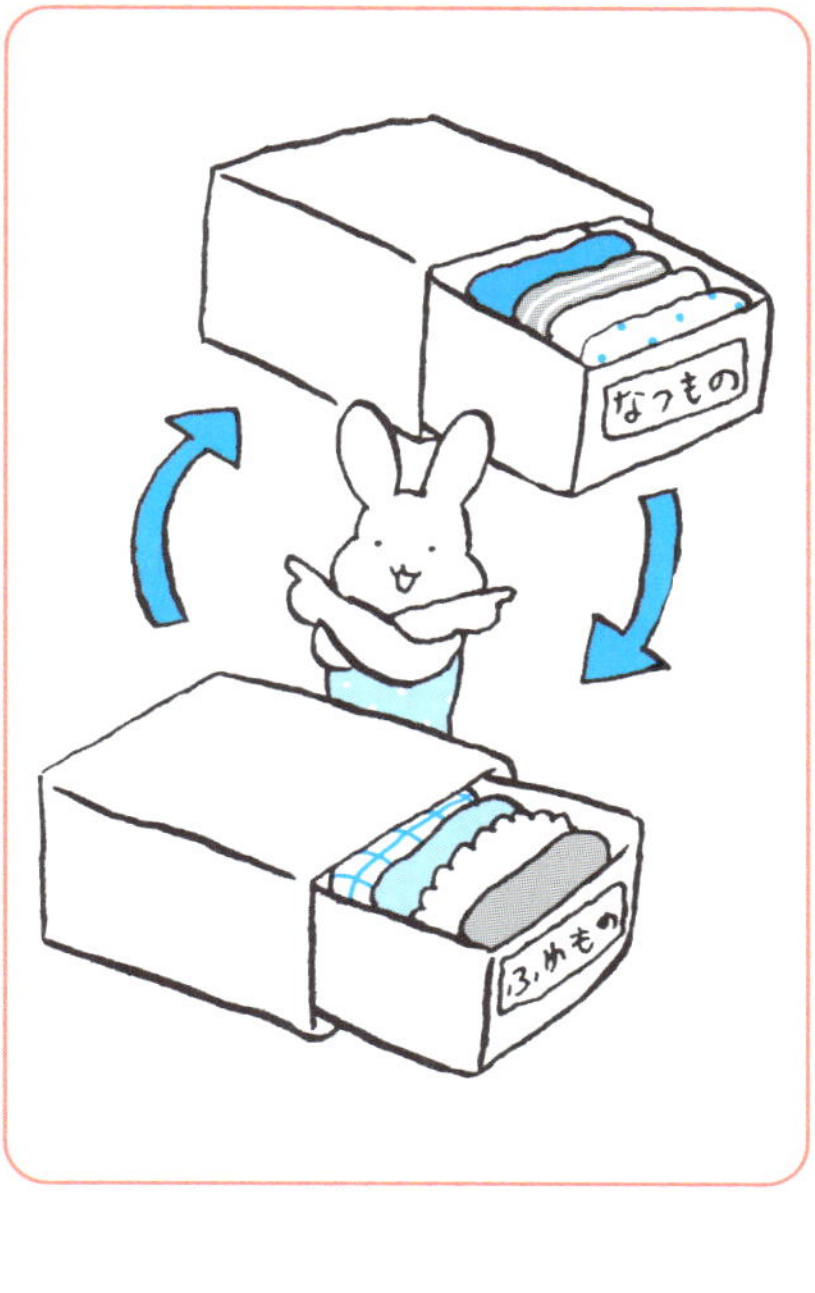
なつもの
ふゆもの

こんな場合《ばあい》は

押《お》し入《い》れをうまく使《つか》いたい

深《ふか》くて高《たか》さもある押《お》し入《い》れは、収納力《しゅうのうりょく》バツグン。クローゼットとしても、保管場所《ほかんばしょ》としても使《つか》えるよ。収納《しゅうのう》グッズを利用《りよう》しながら、有効《ゆうこう》に使《つか》おう！

ポイント

スペースを区切《くぎ》って手前《てまえ》を使《つか》いやすく

「とりあえず押《お》し入《い》れへ入《い》れておこう」と、どんどん入《い》れてしまうと、どこに何《なに》があるかわからなくなってしまうよ。

奥行《おくゆ》きを2つに分《わ》けて、手前《てまえ》はクローゼットとして、奥《おく》は保管場所《ほかんばしょ》として活用《かつよう》するなど、役割《やくわり》を分《わ》けるといいよ。

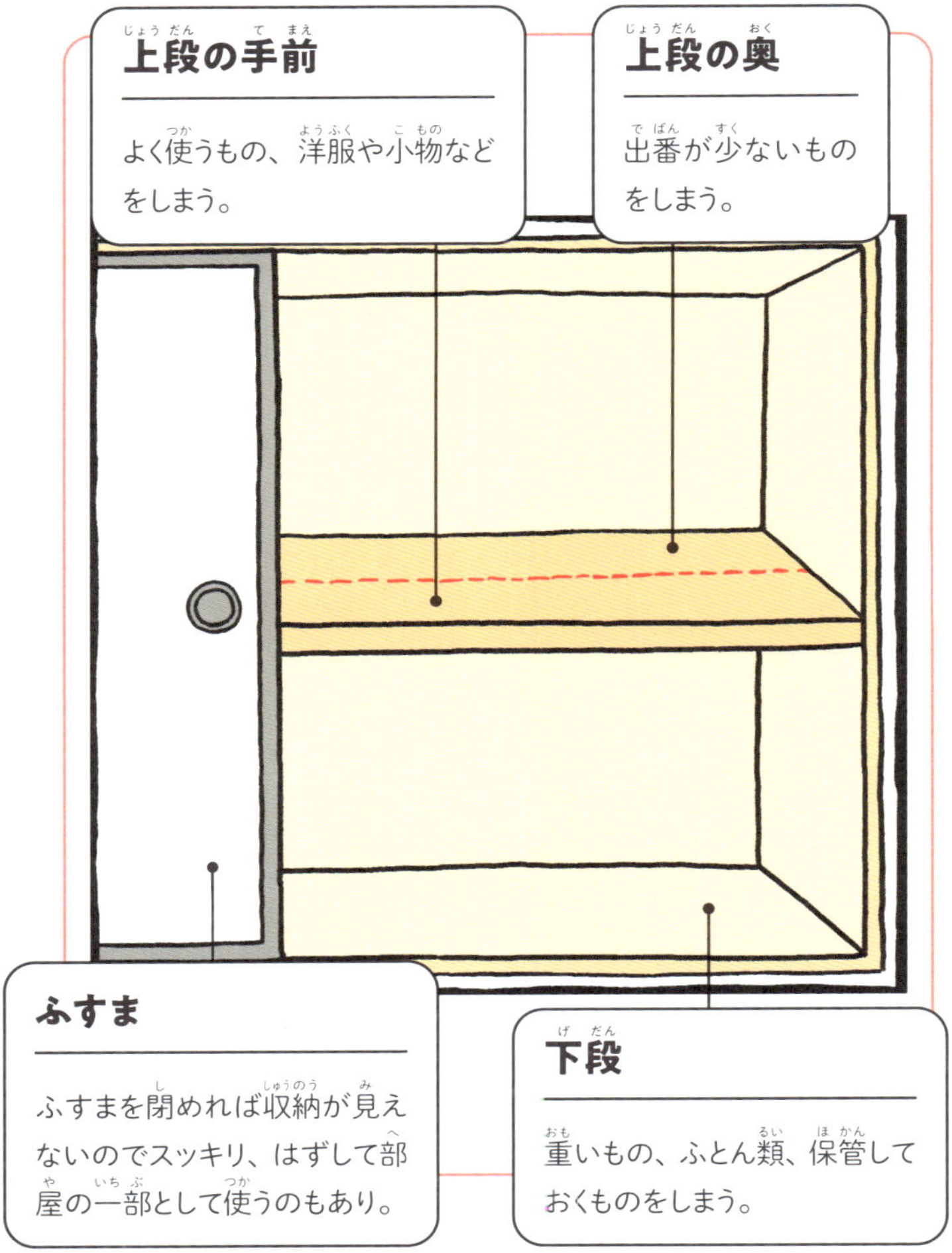
上段《じょうだん》の手前《てまえ》
よく使《つか》うもの、洋服《ようふく》や小物《こもの》などをしまう。
上段《じょうだん》の奥《おく》
出番《でばん》が少《すく》ないものをしまう。
ふすま
ふすまを閉《し》めれば収納《しゅうのう》が見《み》えないのでスッキリ、はずして部《へ》屋《や》の一部《いちぶ》として使《つか》うのもあり。
下段《げだん》
重《おも》いもの、ふとん類《るい》、保管《ほかん》しておくものをしまう。

ポイント

収納《しゅうのう》グッズを活用《かつよう》しよう

服《ふく》をつるすハンガーラックや、たたんで服《ふく》をしまう引《ひ》き出《だ》しやカラーボックスを用意《ようい》すれば、押《お》し入《い》れが自分《じぶん》だけのクローゼットに変身《へんしん》するよ。

ただし、押《お》し入《い》れはもともと家《か》族《ぞく》みんなのスペース。扇風機《せんぷうき》やヒーターなど季節《きせつ》の家電《かでん》をしまったり、みんなのふとんを収納《しゅうのう》したりすることもあるよね。自分《じぶん》ひとりのために使《つか》うときは、必《かなら》ずおうちの人《ひと》と相談《そうだん》してからにしてね。

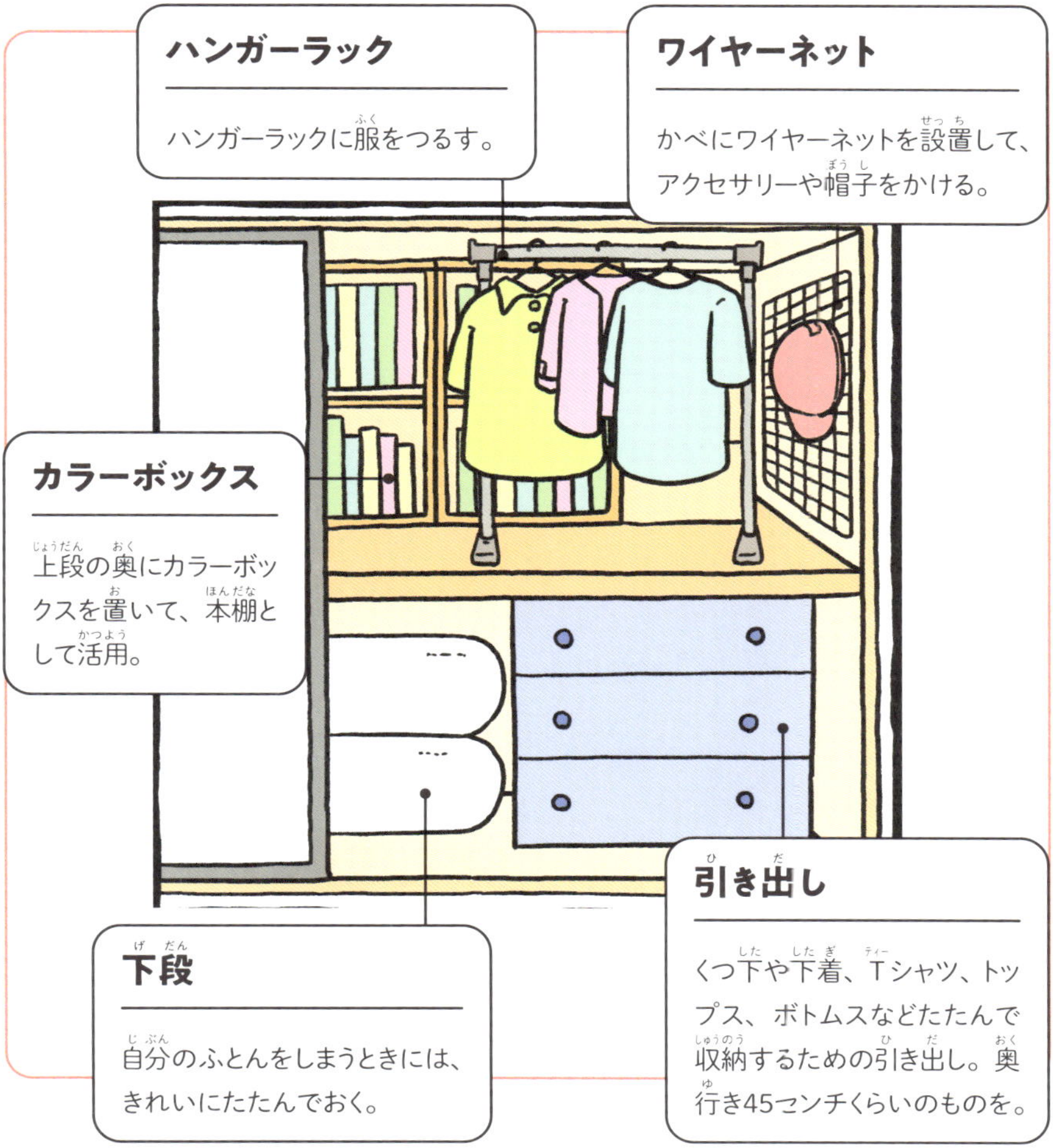
ハンガーラック
ハンガーラックに服《ふく》をつるす。
ワイヤーネット
かべにワイヤーネットを設置《せっち》して、アクセサリーや帽子《ぼうし》をかける。
カラーボックス
上段《じょうだん》の奥《おく》にカラーボックスを置《お》いて、本棚《ほんだな》として活用《かつよう》。
下段《げだん》
自分《じぶん》のふとんをしまうときには、きれいにたたんでおく。
引《ひ》き出《だ》し
くつ下《した》や下着《したぎ》、T《ティー》シャツ、トップス、ボトムスなどたたんで収納《しゅうのう》するための引《ひ》き出《だ》し。奥行《おくゆ》き45センチくらいのものを。

COLUMN《コラム》 1

衣類《いるい》のたたみ方《かた》

たたむときは、よけいなシワがつかないように。出《で》っぱりのない「四角形《しかくけい》」や「長方形《ちょうほうけい》」にたたむと、引《ひ》き出《だ》しにおさまりやすいよ。

トップス

T《ティー》シャツ

①背中側《せなかがわ》を上《うえ》にして置《お》き、左右《さゆう》のそでをぬい目《め》にそって折《お》る。

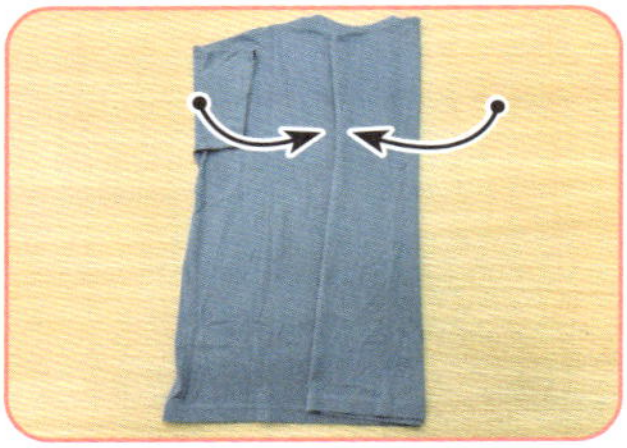

②左右《さゆう》のわきを背中《せなか》の中心《ちゅうしん》に合《あ》わせて折《お》る。

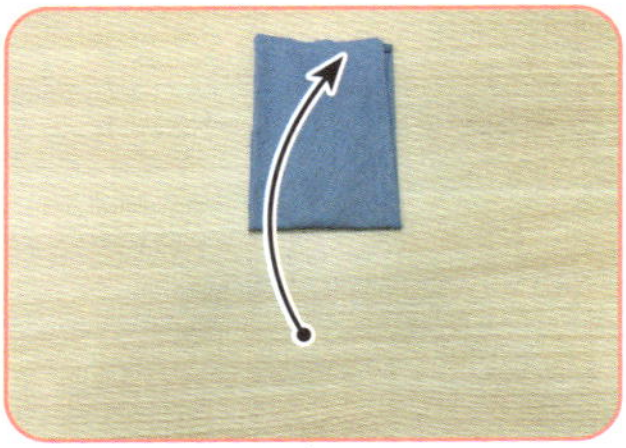

③すそから2つ折《お》りにする。

④もう一度《いちど》折《お》って、できあがり。

長《なが》そで・えりつきシャツ

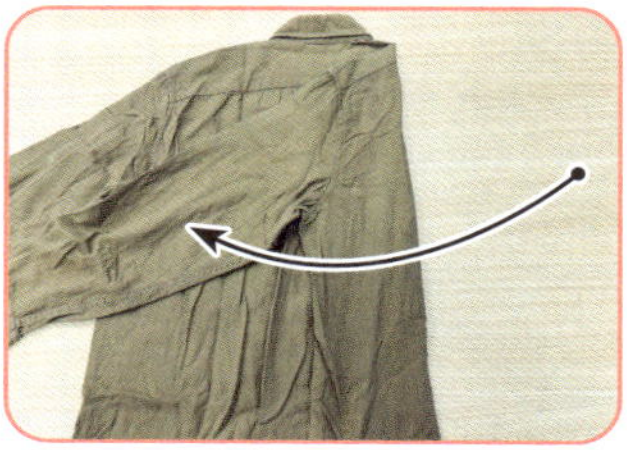

①背《せ》中《なか》側《がわ》を上《うえ》にして置《お》き、えりぐりのはばに合《あ》わせて折《お》る。

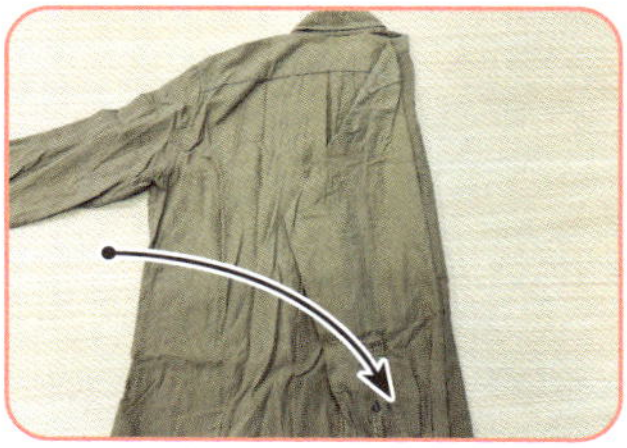

②そでを折《お》り返《かえ》す。

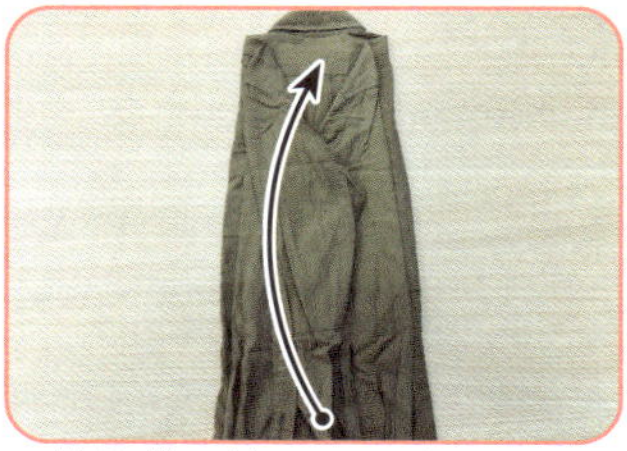

③反対側《はんたいがわ》も同《おな》じように折《お》って、すそから2つ折《お》りにする。

④もう一度《いちど》2つ折《お》りにして、できあがり。

パーカー

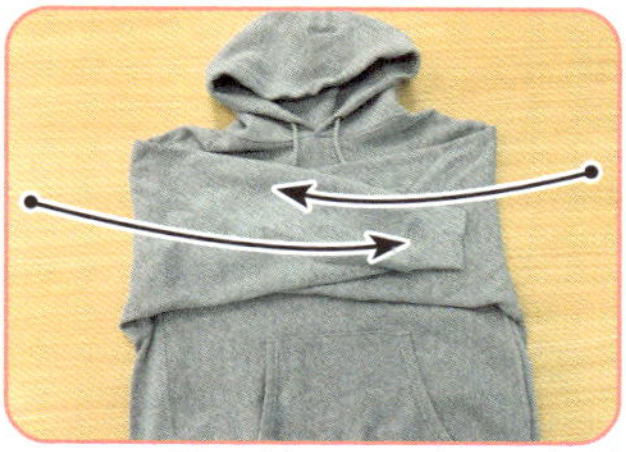

①おもて側《がわ》を上《うえ》にして置《お》き、左右《さゆう》のそでをぬい目《め》にそって折《お》る。

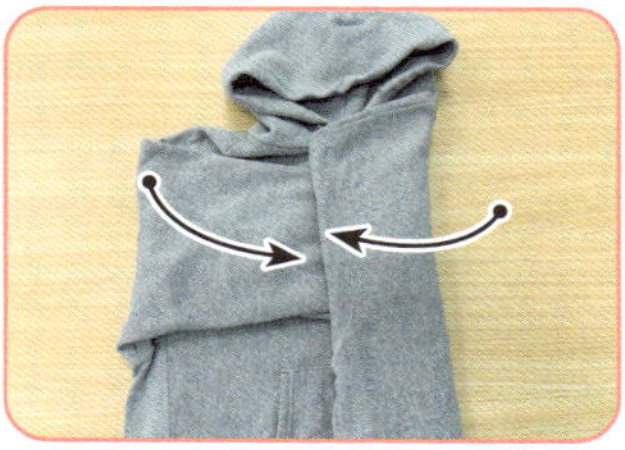

②左右《さゆう》のわきを背中《せなか》の中心《ちゅうしん》に合《あ》わせて折《お》る。

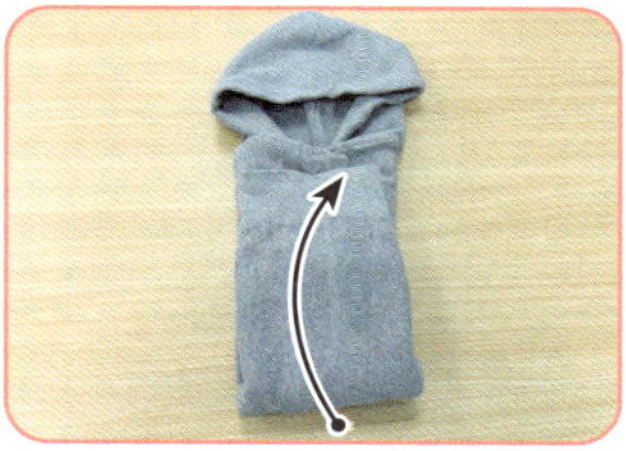

③すそから折《お》っていく。クルクルと巻《ま》いてもいい。

④折《お》った部分《ぶぶん》をフードの中《なか》に入《い》れて、できあがり。

ボトムス

ズボン

①おもて側《がわ》を上《うえ》にして置《お》き、半分《はんぶん》に折《お》る。

②おしりの出《で》っぱりを折《お》る。

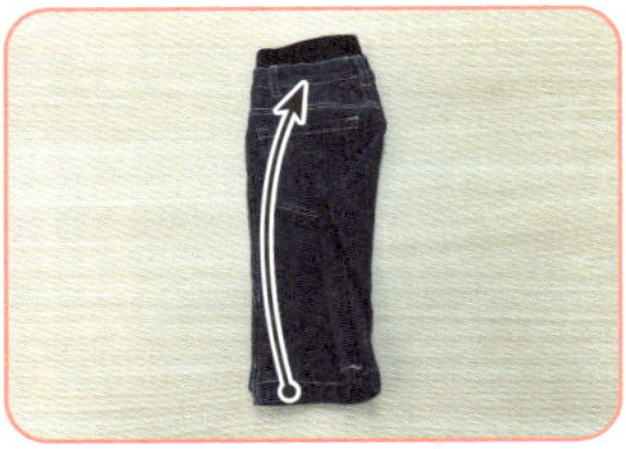

③引《ひ》き出《だ》しのサイズに合《あ》わせて2つ折《お》りか3つ折《お》りにする。

④できあがり。

スカート

①広《ひろ》げて半分《はんぶん》に折《お》る。

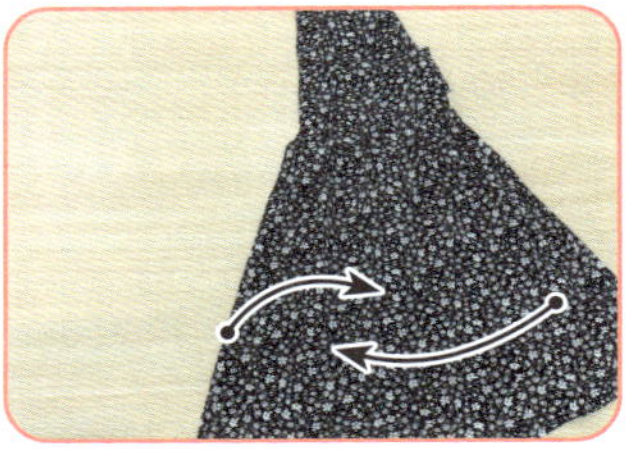

②腰《こし》のはばに合《あ》わせて、左右《さゆう》を折《お》る。

③引《ひ》き出《だ》しのサイズに合《あ》わせて2つ折《お》りか3つ折《お》りにする。

④できあがり。

下着《したぎ》

ランニングやキャミソール

①左右《さゆう》を折《お》る。

②3分《ぶん》の1くらい折《お》る。

③すそからもう一度《いちど》折《お》る。

④できあがり。

パンツ（男女《だんじょ》）

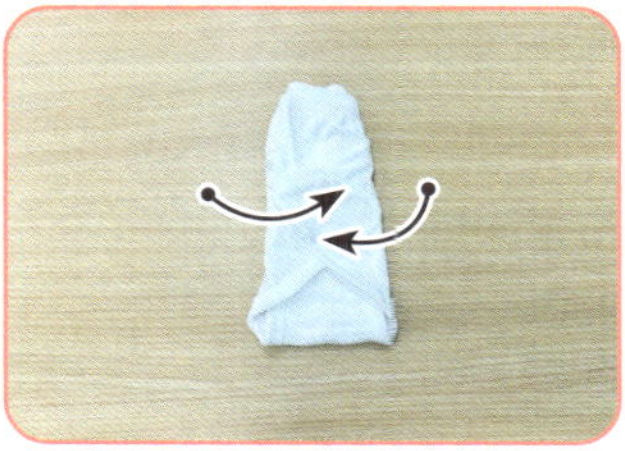

①左右《さゆう》を折《お》る。

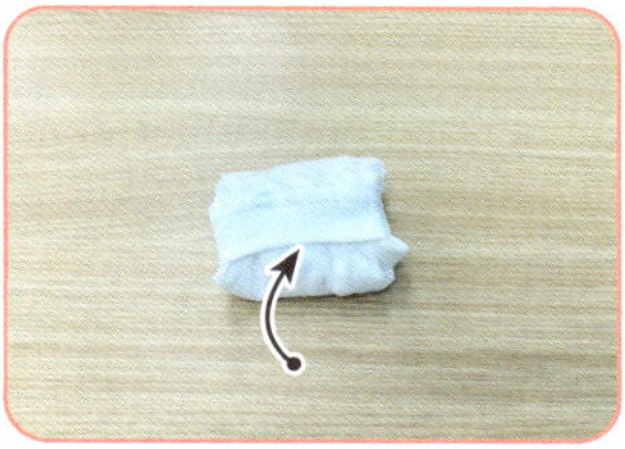

②2つ折《お》りにして、ゴムにはさみこめば、できあがり。

くつ下《した》

①ペアをそろえて、3分《ぶん》の1くらい折《お》る。

②つま先《さき》から折《お》って、はき口《ぐち》に入《い》れれば、できあがり。

「洗《せん》たく表示《ひょうじ》」だよ。これを見《み》れば洗《せん》たくのムページの「新《あたら》しい洗濯表示《せんたくひょうじ》」を見《み》てね。

乾燥《かんそう》のしかた

四角《しかく》の中《なか》に線《せん》が入《はい》っているのは、乾燥《かんそう》のしかたを示《しめ》したマークだよ。

縦線《たてせん》はハンガーなどにかける「つりぼし」がよいという意味《いみ》。

横線《よこせん》はネットなどに置《お》く「平《ひら》ぼし」がよいという意味《いみ》。

整理整《せいりせい》とん Q《キュー》&《アンド》A《エー》

Q《キュー》

自分《じぶん》で洗《せん》たくをするときは?

自分《じぶん》の服《ふく》を洗《せん》たくをしてきれいにしたいです。気《き》をつけることを教《おし》えてください!

A《エー》

洗《せん》たくをする前《まえ》のチェックが大事《だいじ》。最後《さいご》にしまうまでをやってみよう!

服《ふく》が汚《よご》れたら洗《せん》たくをして、きれいなものを身《み》につけたいよね。洗《せん》たくはやり方《かた》をまちがえると、ちぢんだり色《いろ》が落《お》ちたりしてしまうことがあるから、服《ふく》の内側《うちがわ》についている洗《せん》たく表示《ひょうじ》を確認《かくにん》することが大事《だいじ》なんだ。

洗《せん》たくからたたんでしまうまでの流《なが》れをおさえておこう。

洗《せん》たくからしまうまで

①洗《せん》たくものを分《わ》ける

洗《せん》たく表示《ひょうじ》を確認《かくにん》し、家《いえ》で洗《せん》たくできるものは、汚《よご》れの軽《かる》いものとひどいものに分《わ》けるよ。また、色落《いろお》ちするものと、色《いろ》のうすいものにも分《わ》けよう。

②洗《せん》たくをする

洗《せん》たく機《き》に入《い》れる前《まえ》に、うすい生地《きじ》やレースがついているなどデリケートな服《ふく》は洗《せん》たくネットに入《い》れ、ポケットの中《なか》のものは出《だ》そう。洗《せん》たく機《き》はいろいろなタイプがあるから、使《つか》い方《かた》はおうちの人《ひと》に聞《き》いてね。

③洗《せん》たくものをほす

自《し》然乾燥《ぜんかんそう》か、乾燥機《かんそうき》で乾《かわ》かすよ。自《し》然乾燥《ぜんかんそう》するときは、洗《せん》たく表示《ひょうじ》の方法《ほうほう》に従《したが》い、洗《せん》たくもののしわをよくのばし、形《かたち》を整《ととの》えてほそう。

④たたむ

洗《せん》たくものが乾《かわ》いたら取《と》り込《こ》んでたたむよ。たたみ方《かた》は72～75ページを見《み》てね。必要《ひつよう》があれば、おうちの人《ひと》とアイロンをかけてからたたもう。

⑤しまう

クローゼットにつるしたり、引《ひ》き出《だ》しにしまったりして、収納《しゅうのう》しよう。これでおしまい！

洗《せん》たく表示《ひょうじ》

服《ふく》を適切《てきせつ》にお手入《てい》れをするための情報《じょうほう》が方法《ほうほう》がわかるんだ。詳《くわ》しくは消費者庁《しょうひしゃちょう》ホー

洗《せん》たくのしかた

おけの中《なか》に水《みず》が入《はい》っているようなマークは、洗《せん》たくのしかたを示《しめ》しているよ。

数字《すうじ》は、洗《あら》う水《みず》の最高温度《さいこうおんど》。40なら40℃以下《いか》のお湯《ゆ》か水《みず》で洗《あら》えるという意味《いみ》。
おけの下《した》の線《せん》は、洗《せん》たく機《き》の水流《すいりゅう》の強《つよ》さ。線《せん》が多《おお》いほど水流《すいりゅう》は弱《よわ》くするという意味《いみ》。

おけにバッテンがついていたら、家《いえ》では洗《せん》たくができないという意味《いみ》。クリーニングやさんに持《も》って行《い》こう。

なんとかしたい 5

リビング

ここまでは、おもに個人《こじん》で使《つか》う場所《ばしょ》の整理《せいり》整《せい》とんをしてきたね。最後《さいご》は家族《かぞく》みんなが使《つか》うリビング。共有《きょうゆう》スペースだから、みんなが気《き》もちよく使《つか》えることが大切《たいせつ》だね。

おやつはテーブルで食《た》べたい リビングではテレビを見《み》たいな
ソファでゴロゴロするのが大好《だいす》き！

推《お》しグッズをリビングにも置《お》いていいかな
自分《じぶん》の部屋《へや》でも遊《あそ》びたいしリビングでゲームもしたいな
リビングでどうすごしたいかはそれぞれね

きれいなリビングのポイント

ものの位置《いち》を決《き》めて、きれいをキープしよう

家族《かぞく》といっても性格《せいかく》や好《この》みはちがうから、整理《せいり》整《せい》とんのやり方《かた》もそれぞれ。全員《ぜんいん》に「ちらかさないでね」と言《い》うのは難《むずか》しいよね。だからリビングのような共有部分《きょうゆうぶぶん》では、だれもが簡単《かんたん》に、使《つか》ったものを元《もと》にもどせるようにしておくことが大事《だいじ》。それが、きれいをキープするコツなんだ。

学校《がっこう》からの手紙《てがみ》など

リビングに置《お》く場合《ばあい》は、トレイやクリアファイルなど定位置《ていいち》を決《き》めて、そこに入《い》れる。

ゴミ箱《ばこ》

たくさん入《はい》る大《おお》きめのゴミ箱《ばこ》を用意《ようい》し、よく通《とお》るところに置《お》いておく。

リモコンやティッシュペーパー

よく使《つか》うリモコンやティッシュペーパーは、サイドテーブルなど決《き》まった位置《いち》に。リモコンが何種類《なんしゅるい》かあるときには、カゴにまとめておこう。

文《ぶん》房《ぼう》具《ぐ》や薬《くすり》

みんなが使《つか》う文《ぶん》房《ぼう》具《ぐ》や薬《くすり》などは引《ひ》き出《だ》しに収納《しゅうのう》。

テーブル

1日《にち》の終《お》わりにはテーブルの上《うえ》に何《なに》もない状態《じょうたい》にするなど、1日《にち》1回《かい》はリセットできるといいね。

ソファ

ソファに置《お》くのはクッションだけと決《き》めて、みんなが気《き》もちよく座《すわ》れるようにしよう。

個人《こじん》のものを入《い》れる箱《はこ》

リビングに置《お》きっぱなしになっているものをとりあえず入《い》れておき、いっぱいになったら部屋《へや》へ。

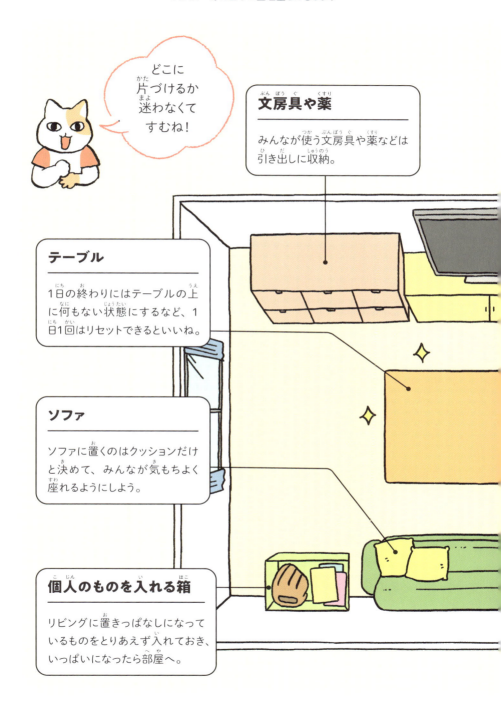

リビングのルール

1日《にち》1回《かい》はリセットする

リビングがちらかる原因《げんいん》のひとつは、「個人《こじん》のもの」が置《お》いてあること。1日《にち》1回《かい》、寝《ね》る前《まえ》に「自《じ》分《ぶん》のものは部屋《へや》に持《も》ち帰《かえ》る」などのルールを決《き》めて、リビングに置《お》きっぱなしにしないようにしよう。

毎日《まいにち》リセットするのが大変《たいへん》なら、個人用《こじんよう》の箱《はこ》を置《お》いて、箱《はこ》がいっぱいになったら部《へ》屋《や》に持《も》っていく、というルールにしてもOK《オーケー》。

床《ゆか》にものを置《お》かない

床《ゆか》にものが置《お》いてあると、どうしてもちらかった印象《いんしょう》になってしまう。ものはなるべく棚《たな》や引《ひ》き出《だ》し、カゴなどに収納《しゅうのう》するのがおすすめ。床《ゆか》に何《なに》も置《お》かないと、リビングがスッキリするよ。

家族共有《かぞくきょうゆう》のクローゼットがあれば、43ページの「浮《う》かせる収納《しゅうのう》」ができるね。

ゴミはゴミ箱《ばこ》に捨《す》てる

おかしの箱《はこ》やいらなくなったプリントなど、ゴミ箱《ばこ》行《い》きのものがそのままになっていないかな？　当《あ》たり前《まえ》だけど、ゴミはゴミ箱《ばこ》へ。ゴミ箱《ばこ》は、小《ちい》さなものだとすぐにいっぱいになってしまい、からにする手《て》間《ま》がかかるので、大《おお》きいものがおすすめ！

部《へ》屋《や》の片《かた》すみに置《お》くと、捨《す》てるのがめんどうになるから、よく通《とお》るゾーンに置《お》くのがコツ。

使《つか》ったものはもとにもどす

リモコンやティッシュペーパーなどは、家《か》族《ぞく》みんなが使《つか》うものだよね。もとにもどしておかないと、次《つぎ》の人《ひと》が使《つか》うときにこまってしまう。共有《きょうゆう》で使《つか》うものは、使《つか》ったら必《かなら》ずもとにもどそう。

次《つぎ》に使《つか》う人《ひと》のことを考《かんが》えて、もとにもどそう。

整《せい》理《り》整《せい》とん Q《キュー》&《アンド》A《エー》

Q《キュー》

学《がっ》校《こう》から持《も》ち帰《かえ》った絵《え》や工《こう》作《さく》は、どこに片《かた》づけるのがいい？

学《がっ》校《こう》でかいた絵《え》や、作《つく》った工《こう》作《さく》などは大《おお》きさも形《かたち》もバラバラで収《しゅう》納《のう》しにくいのでこまります。整《せい》理《り》整《せい》とんのしかたを教《おし》えて！

A《エー》

保《ほ》存《ぞん》したり、飾《かざ》ったり。どうしたいか考《かんが》えて判《はん》断《だん》しよう

自《じ》分《ぶん》の作《さく》品《ひん》は、大《だい》事《じ》にとっておきたいという人《ひと》もいれば、写《しゃ》真《しん》にとって実《じつ》物《ぶつ》は処《しょ》分《ぶん》したい人《ひと》もいるよね。まずは自《じ》分《ぶん》がどうしたいか考《かんが》えてみよう。同《おな》じものは2つとないし、おうちの人《ひと》の思《おも》いもあるから、「いらない」と思《おも》ってもすぐに処《しょ》分《ぶん》しないで相《そう》談《だん》しよう。

写《しゃ》真《しん》にとっておく

写《しゃ》真《しん》にとっておけば、場《ば》所《しょ》をとらずに保《ほ》存《ぞん》しておくことができるよ。写《しゃ》真《しん》をとるときは、作《さく》品《ひん》だけでなく、作《さく》者《しゃ》本《ほん》人《にん》といっしょにとっておくのがポイント。あとで見《み》返《かえ》したときに、いつの作《さく》品《ひん》かわかるよ。

作品《さくひん》ボックスに入《い》れる

大《おお》きめの箱《はこ》を用意《ようい》して、作品《さくひん》をどんどん入《い》れていこう。高《たか》さ13～15センチ、幅《はば》40センチ奥行《おくゆ》き60センチくらいの箱《はこ》なら収納《しゅうのう》力《りょく》もバツグンだよ。

飾《かざ》ったり使《つか》ったりする

絵《え》を額《がく》に入《い》れて飾《かざ》ったり、木工《もっこう》作品《さくひん》（本箱《ほんばこ》など）は実際《じっさい》に使《つか》ったりしてみよう。十分満足《じゅうぶんまんぞく》したら、手放《てばな》しても。

COLUMN《コラム》 2

共有《きょうゆう》スペースをきれいに使《つか》おう

玄関《げんかん》、キッチン、洗面所《せんめんじょ》、トイレは家族《かぞく》みんなで使《つか》うから汚《よご》れやすい場所《ばしょ》。お客《きゃく》さんも使《つか》うから、見《み》られてもいいようにきれいにしておこう。

玄関《げんかん》

ドアを開《あ》けるとすぐに目《め》に入《はい》ってくるのが玄関《げんかん》。玄関《げんかん》はその家《いえ》の顔《かお》、といわれているよ。お客《きゃく》さんや配達《はいたつ》の人《ひと》が急《きゅう》にたずねてくることがあるから、見《み》られてもはずかしくないように、きれいにしておこう。

はかないくつはくつ箱《ばこ》へ

すぐにはかないくつはくつ箱《ばこ》へ入《い》れて、玄関《げんかん》にはなるべくくつが出《で》ていない状態《じょうたい》にしておくのが理想《りそう》だよ。

スリッパはまとめて

お客《きゃく》さんが来《き》たときにすぐ出《だ》せるように、ラックやカゴにひとまとめに入《い》れておこう。

かさはかさ立《た》てに

雨《あめ》の日《ひ》のかさは、水《すい》てきを払《はら》ってからかさ立《た》てに立《た》てよう。晴《は》れの日《ひ》には、広《ひろ》げて乾《かわ》かしておいて。

くつはそろえる

自分《じぶん》の家《いえ》でも、くつをぬいだらそろえておこう。玄関《げんかん》に入《はい》る前《まえ》に足《あし》ぶみをして土《つち》を落《お》としておくといいね。

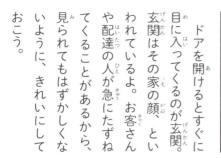

キッチン

コップやお皿《さら》など、使《つか》った食器《しょっき》は自分《じぶん》で洗《あら》おう。キッチンを使《つか》ったら、おうちの人《ひと》が料理《りょうり》をするときにこまらないように、もとにもどすことを忘《わす》れずにね。

刃物《はもの》はとくに注意《ちゅうい》して

包丁《ほうちょう》やはさみなど刃物《はもの》を使《つか》うときは、使《つか》い終《お》わったら必《かなら》ず収納《しゅうのう》するか、シンクに入《い》れておこう。出《だ》しっぱなしにしておくと、地震《じしん》が来《き》たときに飛《と》んできて、とても危険《きけん》だよ。

使《つか》いきったら報告《ほうこく》を

「ラップを使《つか》いきってしまった」「麦茶《むぎちゃ》ポットの麦茶《むぎちゃ》を飲《の》みきってしまった」など、消《しょう》耗品《もうひん》がへった時《とき》は、おうちの人《ひと》に伝《つた》えたり、補充《ほじゅう》できるものは補充《ほじゅう》したりしておこう。

水筒《すいとう》はすぐに出《だ》して洗《あら》おう

学校《がっこう》に持《も》って行《い》った水筒《すいとう》は、帰《かえ》ってきたらすぐ洗《あら》って、かわかしておこう。

使《つか》った食器《しょっき》はシンクへ

使《つか》い終《お》わった食器《しょっき》はシンクへ運《はこ》ぼう。かわくとよごれが落《お》ちにくくなるので、すぐに洗《あら》うか水《みず》につけておいてね。

ペットボトルはゆすぐ

飲《の》み終《お》わったペットボトルはサッとゆすいでおこう。処理《しょり》のしかたは地域《ちいき》によってちがうのでおうちの人《ひと》に聞《き》いてね。

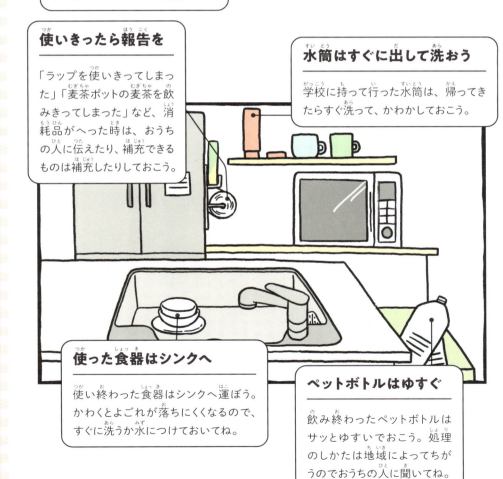

洗《せん》面《めん》所《じょ》

洗面所《せんめんじょ》は水《みず》の飛《と》びちりが気《き》になる場所《ばしょ》。水《すい》てきがついたままかわくと、水《みず》のあとがのこってしまって、落《お》とすのが大変《たいへん》なんだ。

使《つか》ったあとは水《すい》てきをふき取《と》っておくクセをつけるといいよ。

かがみをきれいに

かがみには水《すい》てきがついていることが多《おお》いから、気《き》がついたらすぐにふき取《と》っておこう。

歯《は》ブラシは使《つか》ったらもどす

歯《は》ブラシやコップなどは、使《つか》い終《お》わったら定位置《ていいち》にもどしておこう。

洗面台《せんめんだい》や床《ゆか》もチェック

使《つか》ったあとの洗面台《せんめんだい》や床《ゆか》には、水《すい》てきがついているよ。サッとふき取《と》っておくと次《つぎ》の人《ひと》も気《き》もちよく使《つか》えるよ。髪《かみ》の毛《け》が落《お》ちていたら、つまんでゴミ箱《ばこ》へ。

タオルはそろえてかける

タオルを使《つか》ったら、きちんとそろえてかけておこう。

トイレ

トイレは共有《きょうゆう》スペースの中《なか》でもとくに清潔《せいけつ》にしておきたい場《ば》所《しょ》。よごれやすく、イヤなにおいが発生《はっせい》しやすい場《ば》所《しょ》でもあるね。

次《つぎ》の人《ひと》が気《き》もちよく使《つか》えるように、きれいに使《つか》うことを心《こころ》がけよう。

手《て》洗《あら》いの水《すい》てきをふく

手《て》を洗《あら》ったあとに水《すい》てきが飛《と》びちっていたら、ふいておこう。

タオルはそろえてかける

手《て》をふいたら、そろえて整《ととの》えておこう。

しっかり流《なが》す

使《つか》ったあとは流《なが》すよ。完全《かんぜん》に流《なが》れたか確《かく》認《にん》してから出《で》よう。

スリッパはそろえる

トイレを出《で》るときは、次《つぎ》の人《ひと》がはきやすいように、スリッパをそろえておこう。

トイレットペーパーの補充《ほじゅう》

トイレットペーパーがなくなってしまったら、新《あたら》しいものに交換《こうかん》しておこう。

COLUMN《コラム》 3

ラベリングアイデア

引《ひ》き出《だ》しや個別《こべつ》ケースなどにラベルをはって、中《なか》に何《なに》が入《はい》っているかひと目《め》でわかるようにしておくのがラベリング。仕分《しわ》けをするときの大《おお》きな味方《みかた》だね。棚《たな》、ファイル、袋《ふくろ》、びんなど、ラベリングできるものはいろいろあるよ。

文字《もじ》で

ラベルシールに文字《もじ》を書《か》く基本的《きほんてき》なラベリング。文字《もじ》をデコって書《か》くとかわいいよ。

イラスト・写真《しゃしん》で

ラベルシールにイラストをかいたり、写真《しゃしん》をはったりしておけば、ひと目《め》でわかって便利《べんり》。

丸《まる》シールで

丸《まる》シールに文字《もじ》を書《か》いたり、色《いろ》で分《わ》けたりしてもいいね。

マスキングテープ

マスキングテープに文字《もじ》を書《か》いてはるよ。マスキングテープは種類《しゅるい》が多《おお》いから、色分《いろわ》けや模様《もよう》で分類《ぶんるい》してもいいね。

ラベルプリンター

スマホと連携《れんけい》して、専用《せんよう》アプリから好《す》きなラベルデザインを選《えら》ぶことができるよ。フォント文字《もじ》なので読《よ》みやすいね。

Part《パート》 3

小《こ》物《もの》の整《せい》理《り》整《せい》とんをしよう

小《こ》物《もの》の整《せい》理《り》整《せい》とんのポイント

ポイント

種《しゅ》類《るい》ごとに分《わ》ける

趣味《しゅみ》のものや習《なら》いごとから、ふだん使《つか》うものまで、身《み》の回《まわ》りにはいろいろな種類《しゅるい》の小物《こもの》があるよね。まずはたくさんある小《こ》物《もの》を種類《しゅるい》ごとに分《わ》けることから始《はじ》めよう。どんな小物《こもの》を持《も》っているのか確認《かくにん》してから収納《しゅうのう》していこう。

何《なに》がどれだけ
あるのか
わからないかも
？

アクセサリー

ネックレス、指輪《ゆびわ》、ブレスレット、腕《うで》時計《どけい》、めがねなど

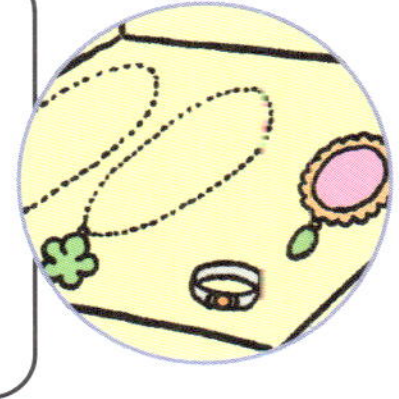

シールや紙製品《かみせいひん》

シール・ステッカー、ふせん、レターセット、メモ帳《ちょう》など

シール

習《なら》いごと関連《かんれん》

スポーツ用品《ようひん》、音楽《おんがく》用品《ようひん》、塾《じゅく》のものなど

推《お》しグッズ

缶《かん》バッジ、キーホルダー、アクリルスタンド、ペンライト・うちわ、フォトカードなど

ぬいぐるみ類《るい》

ぬいぐるみ、マスコットキーホルダー、フィギュアなど

メイクグッズ ヘアメイクグッズ

リップ、カチューシャ、ヘアゴム・ヘアピン、ネイル用品《ようひん》、ヘアブラシなど

モバイル機器《きき》

タブレット、スマホなど

ポイント

収納《しゅうのう》はゆとりをもって

　小物《こもの》はこれからも増《ふ》えていく可能性《かのうせい》が高《たか》いもの。収納《しゅうのう》グッズは大《おお》きいサイズを用意《ようい》して、ものが増《ふ》えても追加《ついか》で入《い》れることができるようにしておこう。

　収納《しゅうのう》グッズとして便利《べんり》なのは、引《ひ》き出《だ》し、ファイルボックス、ジッパーつきポリ袋《ぶくろ》、ポケットファイルなど。小物《こもの》に合《あ》わせて選《えら》ぼう。

　また、使《つか》う場所《ばしょ》に近《ちか》い1か所《しょ》にまとめ、よく使《つか》うものは取《と》り出《だ》しやすく収納《しゅうのう》しておくと使《つか》いやすいよ。

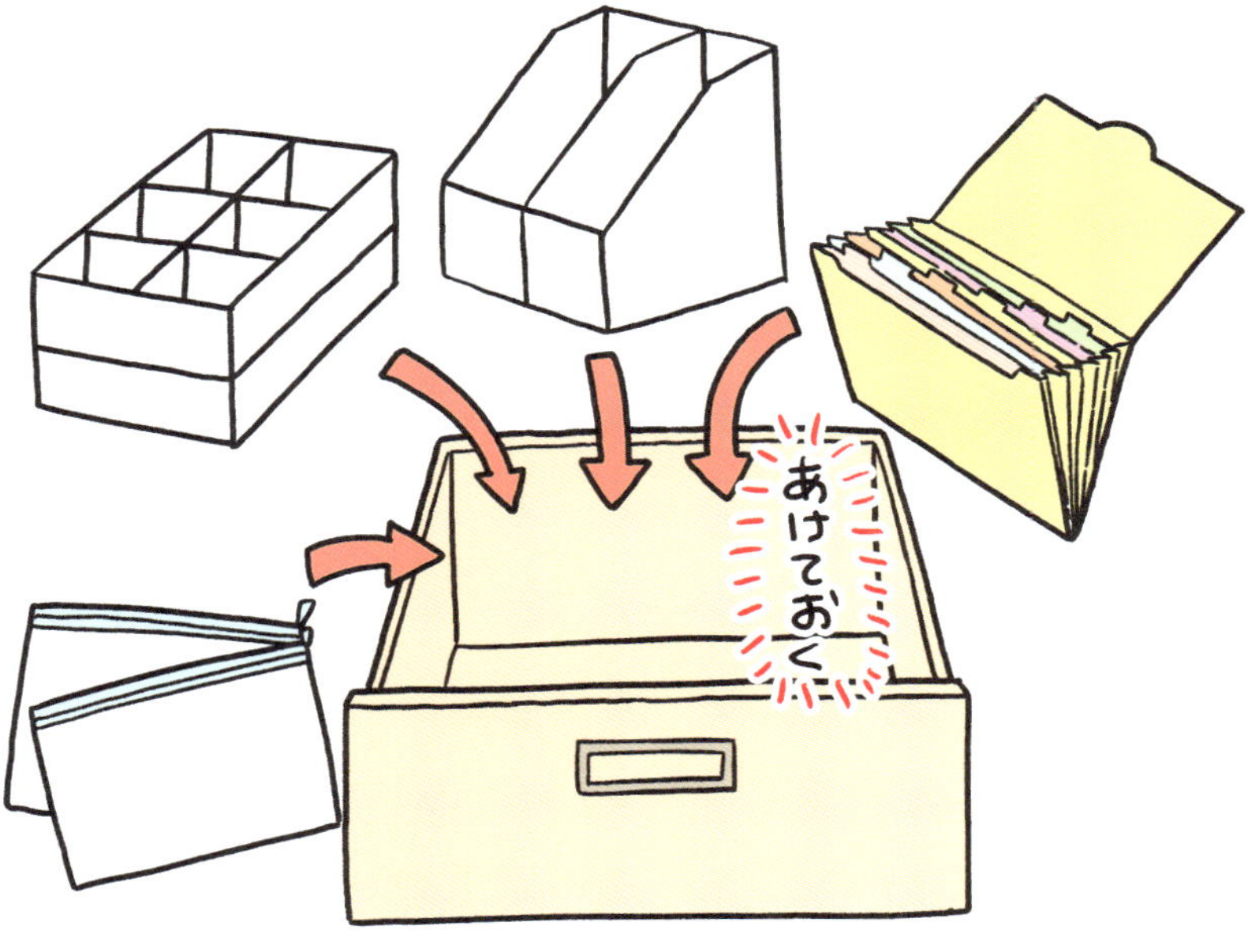
あけておく

好《す》きなものだから
これからも
増《ふ》えていくよね

きっちりさん

こまかく分《わ》けて、こまかくしまう

　分類《ぶんるい》が好《す》きなきっちりさんは、ジャンル分《わ》けをした小物《こもの》を、さらに用途別《ようとべつ》に分《わ》けていこう。収納《しゅうのう》はこまかく仕切《しき》られたケースや、ジッパーつきポリ袋《ぶくろ》などに分類《ぶんるい》して入《い》れ、ラベリングしてわかりやすくしておくのがおすすめ。

こまごましてるの
大好《だいす》き！
分類《ぶんるい》がんばるぞ
赤
黒
青
ペン

ざっくりさん

大《おお》きく分《わ》けて、ざっくりしまう

　ジャンル別《べつ》に分類《ぶんるい》されていればいい、というざっくりさんは、仕切《しき》りなど使《つか》わなくてもOK《オーケー》。関連《かんれん》グッズがひとまとめになっている状態《じょうたい》を目指《めざ》そう。引《ひ》き出《だ》しやファイルボックスなど、たくさん入《はい》る収納《しゅうのう》グッズにどんどん入《い》れていこう。

このボックスに
ポンポン
入《い》れちゃおう
アクセサリー

こだわりさん

見《み》た目《め》も大事《だいじ》。見《み》せ方《かた》を工夫《くふう》して

こだわりさんには「こんな収納《しゅうのう》にしたい！」というイメージがあるかも。お店《みせ》みたいなディスプレイをしたい、白《しろ》でまとめたいなど、好《この》みに合《あ》わせて収納《しゅうのう》グッズもそろえよう。収納《しゅうのう》グッズは、いろいろなものを使《つか》いわけるよりも、同《おな》じサイズや色《いろ》でまとめるときれいだよ。

バランスさん

よく使《つか》うものはきっちり、それ以外《いがい》はざっくり

よく使《つか》うものやお気《き》に入《い》りのものはこまかく分《わ》けて、きれいに並《なら》べたりしまったり、それ以《い》外《がい》はジャンル別《べつ》にする程度《ていど》でざっくり収納《しゅうのう》、というふうに自《じ》分《ぶん》の好《この》みに合《あ》わせて収納方法《しゅうのうほうほう》をかえてOK《オーケー》。簡単《かんたん》にもとにもどせるしくみにしておくことがポイントだよ。

こんなものも

アイテム別《べつ》整《せい》理《り》整《せい》とん

こまごましたアイテムにも、それにあった片《かた》づけ方《かた》があるよ。何《なに》につかうものか、どんなときにつかうものかなどに分《わ》けて、見《み》ていこう。

アクセサリー

よく使《つか》うアクセサリーをトレーに並《なら》べる

よく使《つか》うものはトレーに並《なら》べておけば、探《さが》す手《て》間《ま》がないよ。トレーはクローゼットや衣《い》装用《しょうよう》の引《ひ》き出《だ》しの上《うえ》など、コーディネートをする場《ば》所《しょ》に置《お》いておこう。

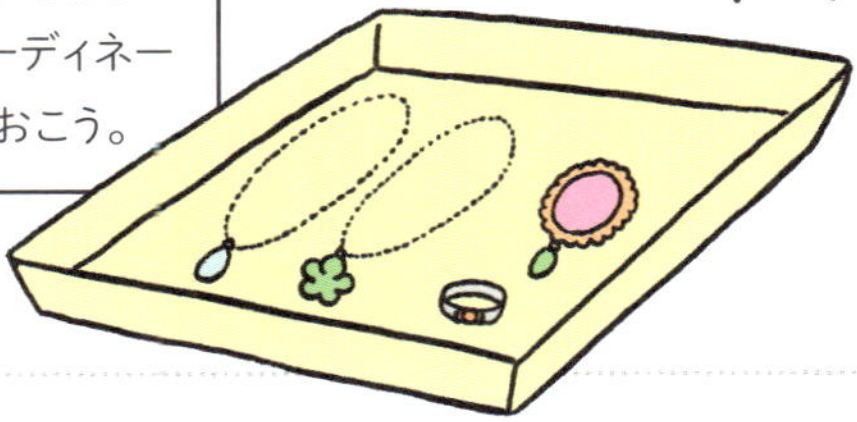

仕《し》切《き》りケースに1つずつ入《い》れる

仕《し》切《き》りケースやジュエリーボックスに1つずつ入《い》れておけば、ゴチャゴチャしないよ。全《ぜん》部《ぶ》を見《み》渡《わた》せるから選《えら》びやすいね。

アクセサリースタンドに飾《かざ》る

アクセサリースタンドにかけたり、コルクボードにピンをさしてかけたりして、見《み》せる収納《しゅうのう》をするのもいいね。

ヘアメイクグッズ

持《も》ち運《はこ》べるボックスにまとめる

部屋《へや》でも洗面所《せんめんじょ》でも使《つか》いたいというときは、仕切《しき》りつきのボックスにまとめておけば、使《つか》いたい場所《ばしょ》に運《はこ》べるよ。

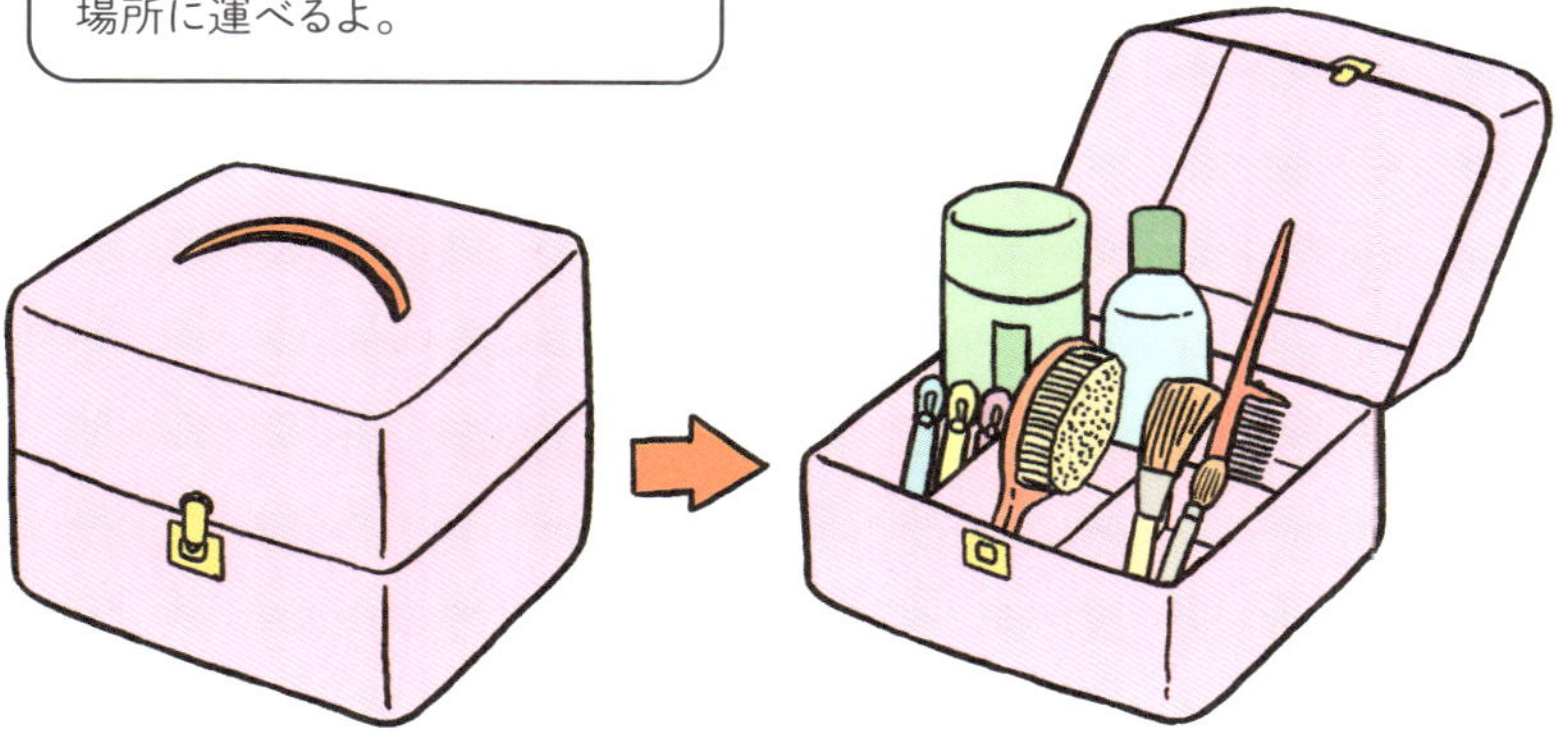

つっぱり棒《ぼう》にかける

洗面所《せんめんじょ》の棚《たな》、クローゼットのかべぎわなどにつっぱり棒《ぼう》を設置《せっち》。カチューシャをかけたり、布《ぬの》をかけてヘアピンをとめたりできるよ。

洗面台《せんめんじょ》の引《ひ》き出《だ》しが
つかえるなら
そこに仕切《しき》りケースを
入《い》れてもいいね

ぬいぐるみ

つっぱり棒《ぼう》に座《すわ》らせる

押《お》し入《い》れの上《うえ》や階段《かいだん》の上《うえ》などのデッドスペース（使《つか》っていない空間《くうかん》）につっぱり棒《ぼう》を1～2本《ほん》渡《わた》して、ぬいぐるみを座《すわ》らせよう。小《ちい》さいぬいぐるみは、マチつきの透明《とうめい》ポーチにつめてひっかけておくといいよ。

箱《はこ》やカゴに集《あつ》める

ぬいぐるみを箱《はこ》やカゴに大集合《だいしゅうごう》させておこう。箱《はこ》やカゴを何個《なんこ》も使《つか》うときは、デザインが同《おな》じものに統一《とういつ》すると見《み》た目《め》もきれい。

コレクションが
ひと目《め》でわかるのが
いいよね

シールや紙《かみ》製《せい》品《ひん》など

小《ちい》さい引《ひ》き出《だ》しに分《ぶん》類《るい》して入《い》れる

棚《たな》に置《お》けそうな3～4段《だん》くらいの小《ちい》さな引《ひ》き出《だ》しに分《ぶん》類《るい》して入《い》れておこう。ラベリングしておけばわかりやすいね。

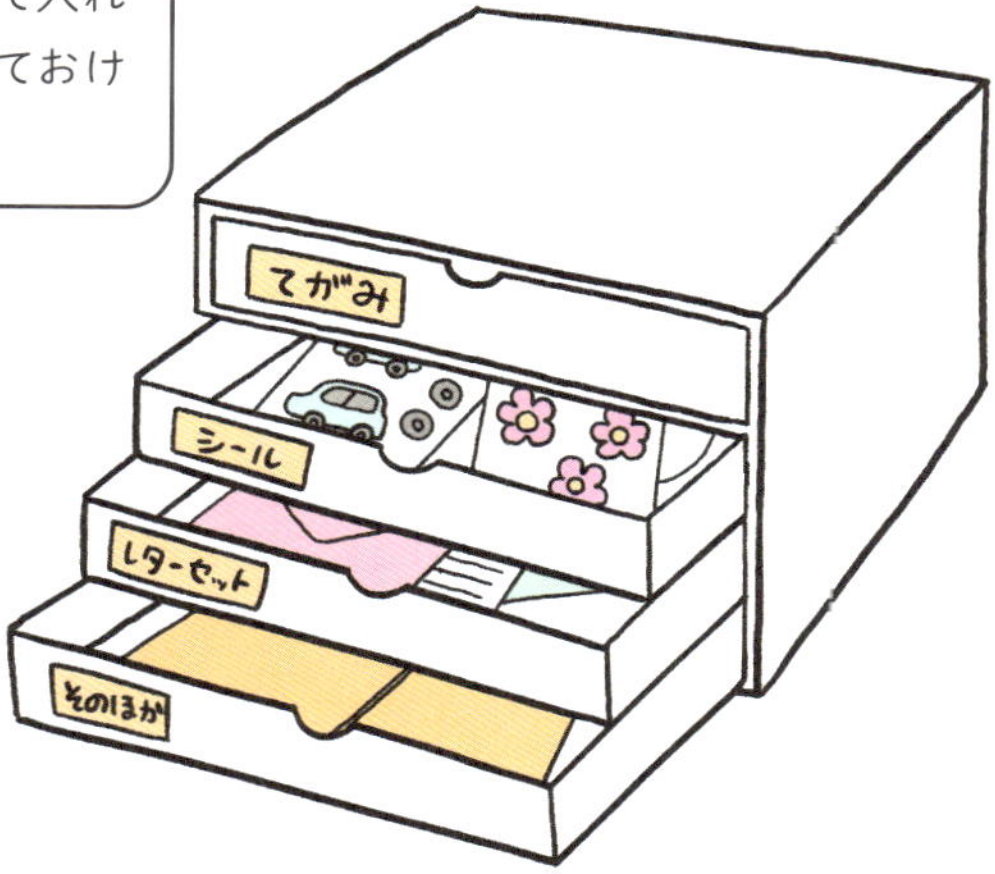

ポーチやジッパーつきの袋《ふくろ》にまとめる

レターセットは筆《ひっ》記《き》用《よう》具《ぐ》といっしょに収納《しゅうのう》しておくと、手《て》紙《がみ》を書《か》きたいときにすぐ書《か》けるよ。ファスナーつきのビニールポーチなどに入《い》れておこう。シールやふせん、メモ帳《ちょう》など1つ1つが薄《うす》くて種類《しゅるい》が多《おお》いものは、ジッパーつきポリ袋《ぶくろ》に分類《ぶんるい》するとゴチャゴチャにならないよ。

習《なら》いごとグッズ

筆記用具《ひっきようぐ》は専用《せんよう》に用意《ようい》

塾《じゅく》に持《も》って行《い》くペンケースは、学校用《がっこうよう》とは別《べつ》にもう1セット用意《ようい》しておこう。塾用《じゅくよう》のバッグにいつも入《い》れておけば用意《ようい》もラク。

習《なら》いごとバッグに持《も》ちものリストを

スイミングだったら、「水着《みずぎ》・帽子《ぼうし》・ゴーグル・バスタオル」などの持《も》ちものリストをバッグの持《も》ち手《て》につけて、準備《じゅんび》しておこう。

出《で》かける前《まえ》に自分《じぶん》でリストをチェックすればいいんだね

リビングにものを
置《お》くときは
おうちの人《ひと》に
伝《つた》えておくのを
わすれないようにね！

習《なら》いごとコーナーを作《つく》って収納《しゅうのう》

リビングの一角《いっかく》、クローゼットの一部分《いちぶぶん》、棚《たな》の一段分《いちだんぶん》などに習《なら》いごとコーナーを作《つく》り、必要《ひつよう》なものは全部《ぜんぶ》そこへ収納《しゅうのう》しておこう。

ボールは植木鉢《うえきばち》スタンドに

ボールをそのまま置《お》いておくときは、植木鉢《うえきばち》スタンドや円形《えんけい》のパッキン、使《つか》わなくなった輪投《わな》げの輪《わ》などの上《うえ》に置《お》くと、転《ころ》がらないよ。

充電《じゅうでん》スペースは勉強《べんきょう》スペースと分《わ》ける

勉強《べんきょう》をしているときにスマホが目《め》の前《まえ》にあると、つい見《み》たくなって気《き》がちってしまうよね。スマホの充電《じゅうでん》は目《め》に入《はい》らないところでするのがおすすめだよ。「スマホ、どこ?」と探《さが》すことがないように、スマホを置《お》く場所《ばしょ》はいつも決《き》めておこう。

ここに集《しゅう》合《ごう》!
ザックリ父
ザックリ
ザックリ母

充電《じゅうでん》ケーブルに目印《めじるし》を

スマホの充電《じゅうでん》ケーブルには、マスキングテープなどでだれのものかわかるようにしておこう。持《も》ち出《だ》したら必《かなら》ずもどしてね。

おうちに帰《かえ》ったら置《お》く場所《ばしょ》が決《き》まってるのってラクかも!

デスクトップを仕切《しき》ろう

デスクトップのフォルダーは、画《が》面《めん》を仕切《しき》って分類《ぶんるい》しよう。いつも使《つか》っているフォルダーは右側《みぎがわ》に、終《お》わったら左側《ひだりがわ》になど決《き》めておくといいよ。自分《じぶん》で仕切《しき》りのイラストをかいて、タブレットで写真《しゃしん》をとり、デスクトップのかべ紙《がみ》にしても。

パソコンや
タブレットの
画面《がめん》も整理整《せいりせい》とん
できるって
ほんと?

カシャッ

①A《エー》4サイズの紙《かみ》に、イラストや線《せん》や色《いろ》で仕切《しき》りをかく。
②タブレットで写真《しゃしん》をとる。

③タブレットのかべ紙《がみ》に設定《せってい》する。

推《お》しグッズ

推《お》しグッズは1か所《しょ》にまとめておくのがおすすめ。飾《かざ》っておきたいものと、保管《ほかん》しておくものに分《わ》けよう。

缶《かん》バッジ

飾《かざ》っておくなら、布《ぬの》にとめたり、100円《えん》ショップの専用《せんよう》スタンドに入《い》れて。

うちわ

ファイルボックスに入《い》れておいたり、持《も》ち手《て》の穴《あな》にひもを通《とお》してかけておいたりしよう。

飾《かざ》るものをその日《ひ》の気分《きぶん》で入《い》れかえるのも楽《たの》しそう！

アクリルスタンド

並《なら》べて飾《かざ》ったり、スタンドを外《はず》してクリアファイルに収納《しゅうのう》したりすることもできるよ。

キーホルダー

コルクボードやパンチングボードにフックをつけてかける、仕切《しき》りケースにしまうなどしておこう。

ペンライト

布袋《ぬのぶくろ》にまとめて入《い》れておいたり、ワイヤーネットを棚《たな》の幅《はば》に合《あ》わせて曲《ま》げて、差《さ》し込《こ》んだり。

フォトカードなど

ポケットファイルに入《い》れて1枚《まい》ずつ見《み》えるように収納《しゅうのう》にしてもいいし、透明《とうめい》ポーチのような袋《ふくろ》にどんどん入《い》れて収納《しゅうのう》しても。

整理整《せいりせい》とん Q《キュー》&《アンド》A《エー》

Q《キュー》

学校《がっこう》の机《つくえ》の中《なか》や教室《きょうしつ》の棚《たな》の使《つか》い方《かた》を教《おし》えて!

お道具箱《どうぐばこ》の中《なか》に文房具《ぶんぼうぐ》などを入《い》れていますが、グチャグチャになってしまいます。お道具箱《どうぐばこ》と教室《きょうしつ》の棚《たな》の整理整《せいりせい》とんのしかたを教《おし》えて!

A《エー》

夏休《なつやす》みや冬休《ふゆやす》みでおうちに持《も》ち帰《かえ》るタイミングで整理《せいり》しよう!

お道具箱《どうぐばこ》は仕切《しき》って、棚《たな》は立《た》てて収納《しゅうのう》

引《ひ》き出《だ》しがわりのお道具箱《どうぐばこ》は、授業中《じゅぎょうちゅう》にサッとものが取《と》り出《だ》せるように整理《せいり》しておきたいよね。お道具箱《どうぐばこ》を家《いえ》に持《も》ち帰《かえ》ってきたときに、中《なか》のものを全部出《ぜんぶだ》してどうすれば使《つか》いやすくなるか考《かんが》えよう。教室《きょうしつ》にある、自分《じぶん》の荷物《にもつ》を入《い》れる棚《たな》もスペースが限《かぎ》られているから、必要最低限《ひつようさいていげん》のものを収納《しゅうのう》しよう。

よけいなものが入《はい》っていないかチェック!

お道具箱《どうぐばこ》の中《なか》のものを全部出《ぜんぶだ》してみよう。ゴミ、古《ふる》いプリント、同《おな》じのりが2つなど、よけいなものが入《はい》っていたら処分《しょぶん》だよ。必要《ひつよう》なものだけをのこそう。

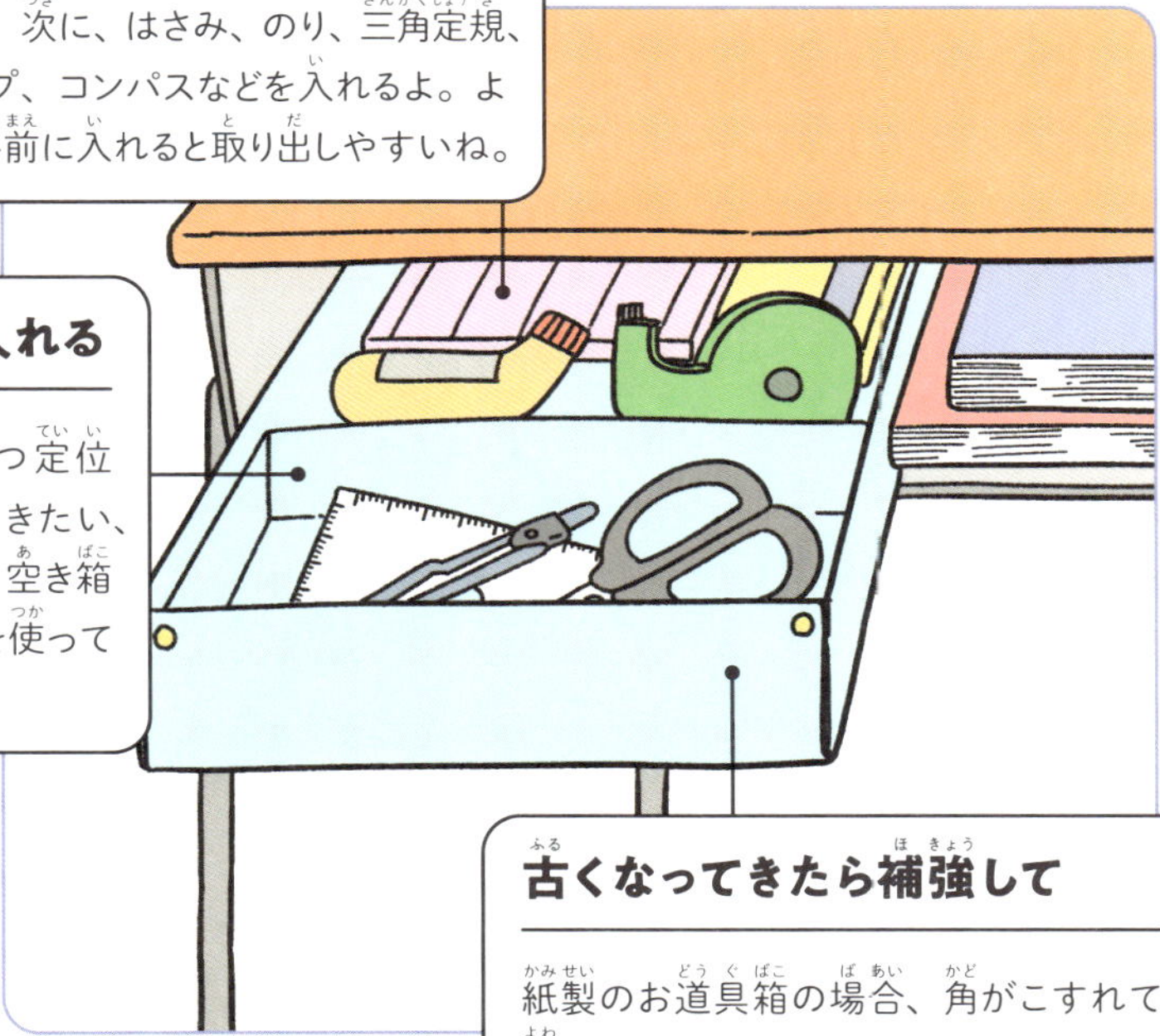

四角《しかく》いものからおさめよう

色《いろ》えんぴつやクレヨンなど、場所《ばしょ》をとるものを先《さき》に入《い》れよう。次《つぎ》に、はさみ、のり、三角定規《さんかくじょうぎ》、セロハンテープ、コンパスなどを入《い》れるよ。よく使《つか》うものを手前《てまえ》に入《い》れると取《と》り出《だ》しやすいね。

仕切《しき》りを入《い》れる

小物《こもの》は1つ1つ定位置《ていいち》に入《い》れておきたい、というときは、空《あ》き箱《ばこ》やトレーなどを使《つか》って仕切《しき》ろう。

古《ふる》くなってきたら補強《ほきょう》して

紙製《かみせい》のお道具箱《どうぐばこ》の場合《ばあい》、角《かど》がこすれて弱《よわ》くなっていることがあるよ。マスキングテープやクラフトテープで補強《ほきょう》しておこう。

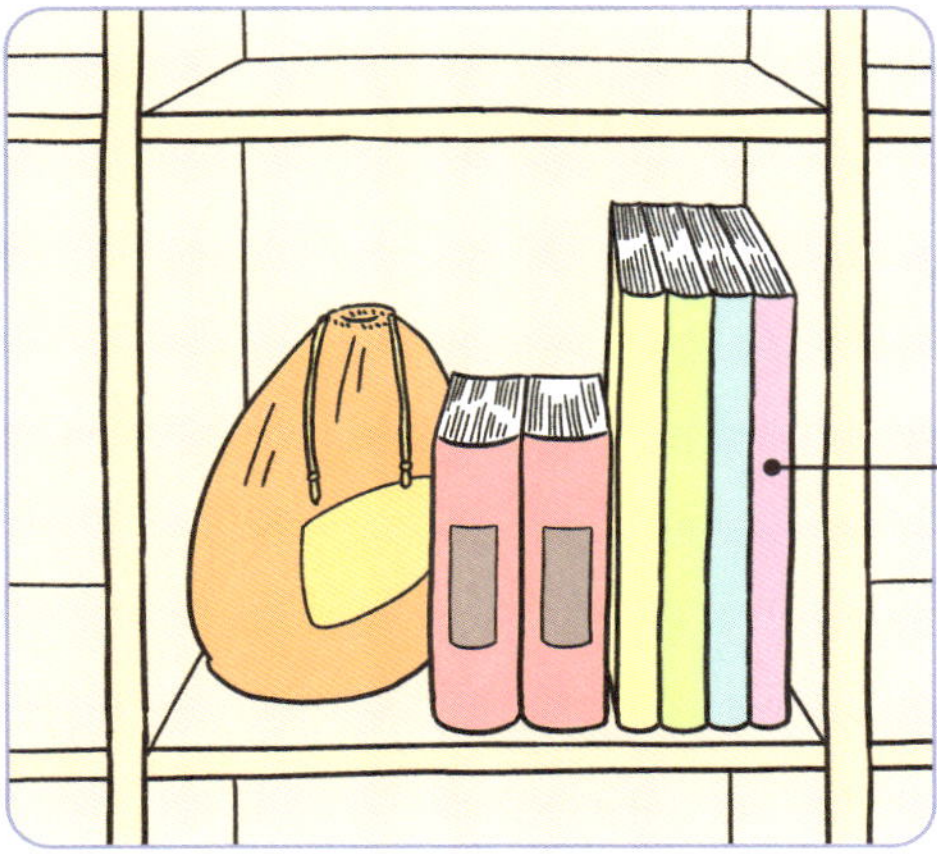

教室《きょうしつ》の棚《たな》は立《た》てて置《お》くのが基本《きほん》

棚《たな》には多《おお》くのものを入《い》れることはできないから、必要《ひつよう》なものだけをのこし、とにかく立《た》てて置《お》くこと。積《つ》み重《かさ》ねると下《した》のものが取《と》りにくくなってしまうよ。

COLUMN《コラム》 4

いらなくなったものの処《しょ》分《ぶん》方《ほう》法《ほう》

もう使《つか》わない・いらないものは、ゴミとして捨《す》てる前《まえ》に、「ゆずる」「売《う》る」ことを考《かんが》えてみよう。自分《じぶん》が使《つか》わなくても、使《つか》ってくれる人《ひと》がいるかもしれないね。

ゆずる

必要《ひつよう》としている人《ひと》にゆずる、アプリを活用《かつよう》するなどの方法《ほうほう》があるよ。いらないものを箱《はこ》に入《い》れて、「ご自由《じゆう》にお持《も》ちください」と書《か》いた紙《かみ》をはって家《いえ》の前《まえ》に置《お》いてもいいね。

500円
200円
300

売《う》る

リサイクルショップに持《も》って行《い》く、地域《ちいき》で開《ひら》かれるフリーマーケットに出店《しゅってん》する、フリマアプリを活用《かつよう》するなどの方法《ほうほう》があるよ。

ゴミとして捨《す》てるときは
分別《ぶんべつ》をしっかりね
大《おお》きさやものによっては
粗大《そだい》ゴミになるから
おうちの人《ひと》に相談《そうだん》しよう

※フリマアプリを使《つか》うときはおうちの人《ひと》と相談《そうだん》しよう。

もっときれいに！

Part《パート》 4

毎《まい》日《にち》の片《かた》づけルール

整理整《せいりせい》とんができたら、そのきれいな状態《じょうたい》を保《たも》っていたいよね。片《かた》づけのルールを守《まも》れば、ずっときれいなままだよ！

ルール1

使《つか》ったら元《もと》の場所《ばしょ》へもどそう

ものがちらかったり、なくなったりしてしまうのは、使《つか》い終《お》わったものを決《き》めた場所《ばしょ》にもどさないから。「使《つか》ったら元《もと》にもどす」ことを徹底《てってい》しよう。

「はさみはここ」「ティッシュはあそこ」と決《き》めておけば、次《つぎ》に使《つか》うときも、探《さが》さなくてすむからスムーズだね。

ゴミはゴミ箱《ばこ》へ

消《け》しゴムのかすやお菓子《かし》のつつみ紙《がみ》など、小《ちい》さなゴミはそのつど捨《す》てようね！

ときどき見直《みなお》しを

つい出《だ》しっぱなしにしてしまうのは、しまい方《かた》が自分《じぶん》に合《あ》っていないのかも。もどしやすい場所《ばしょ》や方法《ほうほう》を考《かんが》えよう。

ルール2

片《かた》づけタイムをつくろう

「朝《あさ》出《で》かける前《まえ》」や「夜《よる》寝《ね》る前《まえ》」など、自分《じぶん》のやりやすいタイミングでいいので、1日《にち》に1回《かい》は片《かた》づけタイムをつくろう。学校《がっこう》から帰《かえ》ってきたときや、朝《あさ》起《お》きたときに自分《じぶん》の場所《ばしょ》がきれいになっていると、気持《きも》ちがいいよ！

キャラクターが応援《おうえん》

好《す》きなキャラクターやアイドルの切《き》り抜《ぬ》きと、「きれいなお部《へ》屋《や》っていいよね！」などと書《か》いた吹《ふ》き出《だ》しをボードにはっておくと、しぜんと片《かた》づけたくなる！

おふろに入《はい》る前《まえ》
遊《あそ》びに行《い》く前《まえ》など
次《つぎ》の行動《こうどう》にうつる前《まえ》が
片《かた》づけのチャンス！

音楽《おんがく》をかけて気分《きぶん》よく

お気《き》に入《い》りの音楽《おんがく》を流《なが》して、その曲《きょく》の間《あいだ》だけでもいいので片《かた》づけをしてみよう。気分《きぶん》が上《あ》がって片《かた》づけがスムーズに！

よごれはすぐふく

ウェットティッシュを用《よう》意《い》しておいて、よごれたらすぐふいてしまおう。

朝《あさ》のルーティン

いつも行《おこな》う決《き》まった手順《てじゅん》「ルーティン」が、毎日《まいにち》の片《かた》づけにはとっても大切《たいせつ》。まずは、朝《あさ》、起《お》きたらふとんを整《ととの》えるクセをつけよう。

ポイント

ふとんを整《ととの》えよう

ねている間《あいだ》に汗《あせ》をかくから、ふとんには湿気《しっけ》がたまっているんだ。朝起《あさお》きたら、かけぶとんを半分《はんぶん》くらいめくって、湿気《しっけ》をとばしておくといいよ。帰《かえ》ってきたら元《もと》にもどしてね。

ポイント

パジャマを片《かた》づけよう

ぬいだパジャマはそのままにしないで、たたんでしまっておくか洗《せん》たくものカゴに入《い》れるか、おうちの人《ひと》に聞《き》いておこう。

和式《わしき》のふとんは

和式《わしき》のふとんを押《お》し入《い》れにしまう場合《ばあい》は、おうちの人《ひと》にやり方《かた》を聞《き》こう。

ふとんをほす日《ひ》も

おうちの人《ひと》が「今日《きょう》はふとんをほす」と言《い》ったら、やり方《かた》を聞《き》いてふとんを日光《にっこう》に当《あ》てよう。

帰宅後のルーティン

学校から帰《かえ》ってきたら、遊びや塾、習《なら》いごとと忙《いそが》しいね。その前《まえ》に、ちょっと気《き》もちを落《お》ちつけて、身《み》の回《まわ》りを整《ととの》えよう。

ポイント

やることをリストアップしよう

帰《かえ》ってきたらとりあえずこれだけはする、ということをリストアップしてみよう。リストの内容《ないよう》はおうちの人《ひと》と相談《そうだん》して決《き》めるけど、たとえばこんな感《かん》じだよ。

□手《て》洗《あら》い・うがいをする。
□給食《きゅうしょく》セットを洗濯《せんたく》もののカゴに入《い》れる。
□連絡帳《れんらくちょう》を確認《かくにん》する。
□おうちの人《ひと》への手紙《てがみ》を出《だ》す。

おうちの人《ひと》向《む》けのプリントをわたしたり、体操服《たいそうふく》を洗《せん》たくもののカゴに入《い》れたり。くつ下《した》をぬいだときも洗《せん》たくものカゴに入《い》れようね。

決《き》まった場所《ばしょ》にしまう

ランドセルや帽子《ぼうし》、上着《うわぎ》などは、決《き》まっている場所《ばしょ》にしまおう。

明日《あした》の持《も》ちものの準備《じゅんび》

「明日《あした》〇〇を使《つか》うから、今日《きょう》買《か》いに行《い》かなくちゃ」というものはないかな?　連絡帳《れんらくちょう》を見《み》て確認《かくにん》しよう。

週《しゅう》に一度《いちど》は部屋《へや》のそうじを

そうじをすると、部屋《へや》も気持《きも》ちもスッキリ！　ホコリを取《と》ったりそうじ機《き》をかけたりしてきれいをキープしよう。

ポイント

よごれは少《すく》ないうちに

週《しゅう》に一度《いちど》は部屋《へや》のそうじをして、よごれやホコリがまだ少《すく》ないうちに、きれいにしてしまおう。ホコリを取《と》ってからそうじ機《き》をかけ、最後《さいご》に細《こま》かいところをふき取《と》るよ。

休《やす》みの日《ひ》にやってみようっと！

使《つか》うもの

- ハンディモップ（ホコリ取《と》りに）
- そうじ機《き》またはフローリングワイパー（床《ゆか》のそうじに）
- ぞうきん（細《こま》かいところをふくときに）

あると便利《べんり》なもの

・粘着《ねんちゃく》ローラー（ベッドやラグマットなどに）
・小《ちい》さなハケ（消《け》しゴムのカスを取《と》るときに）

＜そうじの手順《てじゅん》＞

①窓《まど》を開《あ》ける

そうじ中《ちゅう》は、ホコリがまい上《あ》がって空気《くうき》がよごれるよ。ホコリが外《そと》に出《で》ていくように、窓《まど》を開《あ》けてから始《はじ》めよう。

②ホコリを取《と》る

ハンディモップで棚《たな》や机《つくえ》などのホコリをふき取《と》ろう。ホコリは上《うえ》から下《した》へ落《お》ちていくから、上《うえ》の段《だん》から始《はじ》めると効率的《こうりつてき》だよ。

③床面《ゆかめん》をそうじする

ホコリを取《と》ったら、床面《ゆかめん》をそうじしよう。そうじ機《き》をかけたり、フローリングワイパーでふいたりすればOK。

④ふきそうじをする

机《つくえ》や棚《たな》など、細《こま》かいところをぞうきんでふくと、さらにスッキリするよ。

⑤ゴミ箱《ばこ》のゴミを捨《す》てる

ゴミ箱《ばこ》にたまったゴミは、おうちの人《ひと》に聞《き》いて、きちんと分別《ぶんべつ》して捨《す》てよう。

そうじにも
はかどる
手順《てじゅん》っていうのが
あるんだね！

半《はん》年《とし》に一《いち》度《ど》は大《おお》そうじを

大《おお》そうじは時間《じかん》にゆとりのある夏休《なつやす》みや年末《ねんまつ》などがチャンス。いつもはそうじしないところをきれいにしよう！

ポイント

ふだんは手《て》をつけないところを

窓《まど》やかべなど、週《しゅう》に一度《いちど》のそうじでは手《て》をつけないところは、半《はん》年《とし》に一度《いちど》くらいそうじすればOK《オーケー》だよ。

子《こ》どもだけではできないところもあるから、おうちの人《ひと》といっしょにやろう。「来週《らいしゅう》の土曜日《どようび》にやろうと思《おも》う」など、事前《じぜん》に予定《よてい》を伝《つた》えておくといいね。

＜そうじの手順《てじゅん》＞

窓《まど》

ぞうきんと水《みず》きりワイパーでよごれを落《お》とそう。高《たか》いところや手《て》がとどかないところは、おうちの人《ひと》にやってもらってね。

①サッシはほうきでよごれをはらう。
②水《みず》をたっぷりふくませたぞうきんで窓《まど》をふく。内側《うちがわ》と外《そと》側《がわ》、両方《りょうほう》ふこう。
③水《みず》きりワイパーを上《うえ》から下《した》へすべらせて、水分《すいぶん》を取《と》る。
④かわいたぞうきんで仕《し》上《あ》げのからぶきをする。

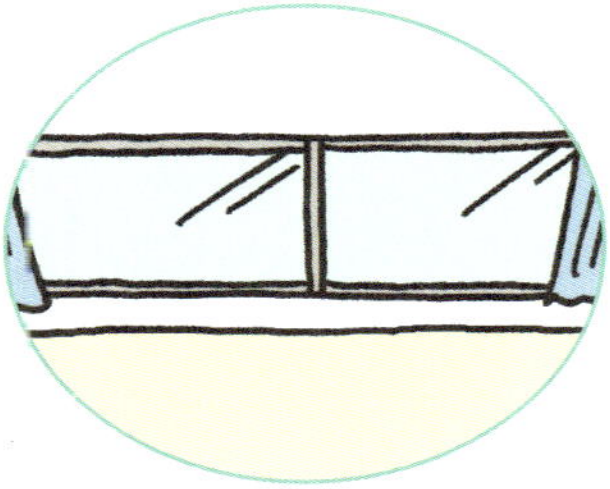

カーテン

カーテンは外《はず》して洗《せん》たくし、カーテンレールもぞうきんでふこう。カーテンのフックは高《たか》いところにあるのでおうちの人《ひと》といっしょにやってね。

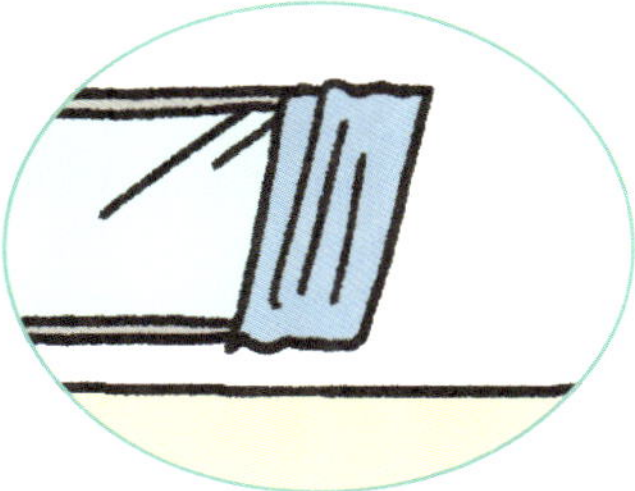

ドアの取《と》っ手《て》や電気《でんき》のスイッチ

毎日《まいにち》さわるところだから、手《て》あかでよごれているよ。ぞうきんでしっかりふこう。

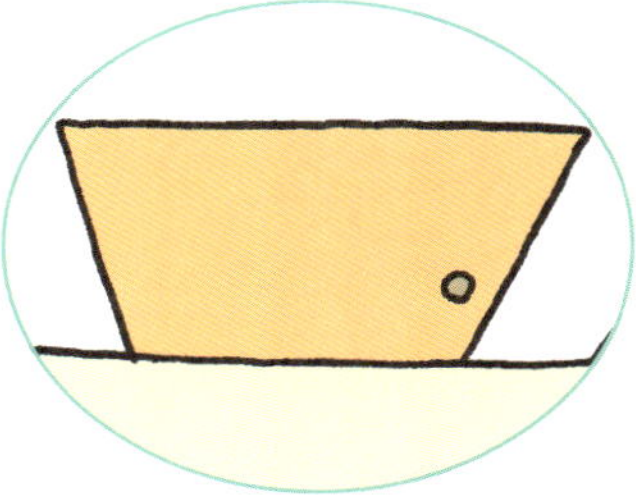

かべ

きれいに見《み》えても、かべもよごれているよ。フローリングワイパーを使《つか》って、上《うえ》から下《した》へとふこう。

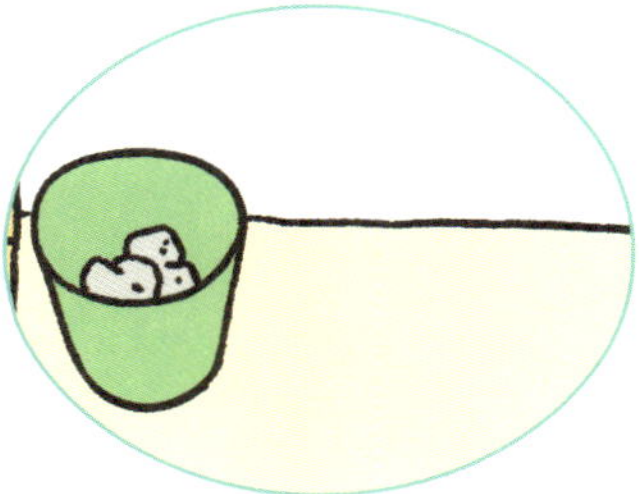

部屋《へや》のすみや家具《かぐ》の後《うし》ろがわ

机《つくえ》とかべの間《あいだ》や、棚《たな》とかべの間《あいだ》などにはホコリがたまっているよ。ハンディモップなどできれいにしよう。

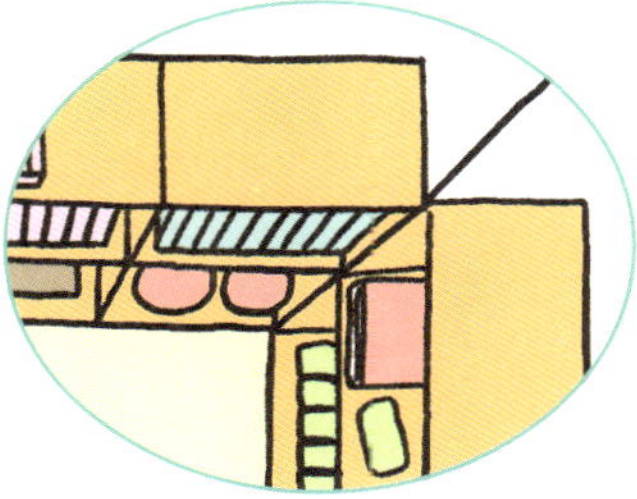

収納《しゅうのう》の見直《みなお》し

ものが増《ふ》えすぎていないか、入《い》れるべき場《ば》所《しょ》におさまっているか確認《かくにん》しよう。増《ふ》えすぎていたら、とっておくものと処分《しょぶん》していいものに分《わ》けよう。

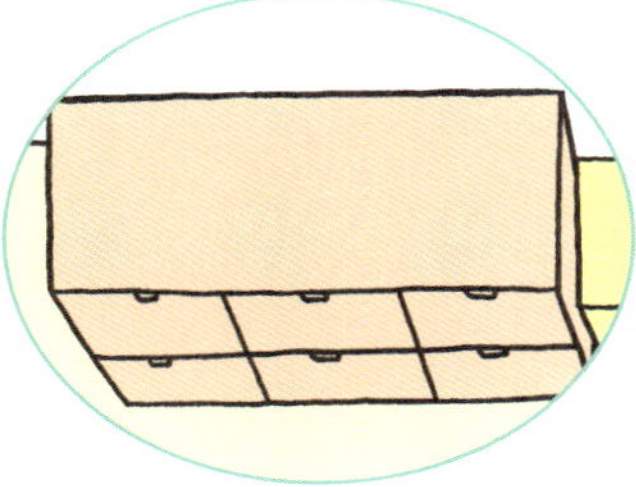

お手《て》伝《つだ》いをしよう

おうちの人《ひと》がいつもしていることのなかには、きみができることがあるよ。おうちの人《ひと》と相談《そうだん》してやってみよう。

ポイント

生《い》きていくうえで必《ひつ》要《よう》なことばかり

食事《しょくじ》の用意《ようい》、そうじ、洗《せん》たくなどは生《い》きていくうえで欠《か》かせない作業《さぎょう》。おぼえておくと、将来役《しょうらいやく》に立《た》つことばかりだよ。簡単《かんたん》なことから始《はじ》めてみよう。

家事《かじ》のやり方《かた》は家庭《かてい》によってちがうから、おうちの人《ひと》にやり方《かた》を教《おし》えてもらってね。なれてきたら、自分《じぶん》がやりやすくなる工夫《くふう》ができないかも考《かんが》えてみよう。

やってみよう

＜まずはここから＞

食器《しょっき》を運《はこ》ぶ

食《た》べ終《お》わったら食器《しょっき》、おやつのときに使《つか》ったコップなど、自分《じぶん》で使《つか》った食器《しょっき》はシンクに運《はこ》ぼう。

ゴミを捨《す》てる

大《おお》きなゴミ袋《ぶくろ》をゴミ収集《しゅうしゅう》の場所《ばしょ》に持《も》って行《い》こう。曜《よう》日《び》やゴミの分別方法《ぶんべつほうほう》は、おうちの人《ひと》に確認《かくにん》してね。

洗《せん》たくものをたたむ

かわいた洗《せん》たくものをたたんで、収納場所《しゅうのうばしょ》にしまおう。たたみ方《かた》は72～75ページを見《み》てね。自分《じぶん》の服《ふく》やタオルを自分《じぶん》で洗《あら》ってみてもいいね。洗《せん》たくのしかたは76～77ページを見《み》よう。

やってみよう

＜なれてきたら＞

ごはんをたく

お米《こめ》をはかり、といで（無洗米《むせんまい》ならとがなくてもOK《オーケー》）、分量《ぶんりょう》の水《みず》を入《い》れてすいはん器《き》にセットし、スイッチを入《い》れるよ。どれくらいの量《りょう》をたくのかは、おうちの人《ひと》に聞《き》いてね。

料理《りょうり》を手伝《てつだ》う

料理《りょうり》は野菜《やさい》を洗《あら》う、切《き》る、調理《ちょうり》するなどの順番《じゅんばん》があるので、おうちの人《ひと》に教《おし》えてもらいながらチャレンジしてみよう。

家族《かぞく》みんなが
どれくらい食《た》べるか
知《し》っておかないとね

自分《じぶん》でつくった
料理《りょうり》ってなんだか
おいしいかも！

食器《しょっき》を洗《あら》う

お皿《さら》に油《あぶら》よごれがついているときは、紙《かみ》でふき取《と》ってから、洗剤《せんざい》をあわ立《だ》てたスポンジで洗《あら》うといいよ。水《みず》でしっかりすすいでね。

おふろを洗《あら》う

湯《ゆ》ぶねの内《うち》がわに洗剤《せんざい》をかけ、スポンジでこすり、シャワーでよく流《なが》そう。浴室《よくしつ》の床《ゆか》やかべも同《おな》じようにして洗《あら》うよ。始《はじ》める前《まえ》にかんきせんを回《まわ》し、ゴム手袋《てぶくろ》をしよう。

お皿《さら》が
ピカピカになるの
気持《きも》ちいい！

ぬれるの
苦手《にがて》だけど
がんばらなきゃ！

イメージしよう

自分《じぶん》らしい部屋作《へやづく》り

身《み》の回《まわ》りが片《かた》づいたら、自分好《じぶんごの》みの空間作《くうかんづく》りを考《かんが》えよう。自分《じぶん》のスペースが大好《だいす》きになれば、毎日《まいにち》の片《かた》づけも楽《たの》しくなるよ！

どんな部屋《へや》ですごしたい？

整理整《せいりせい》とんの、次《つぎ》の段階《だんかい》に進《すす》んでみよう。自分《じぶん》の部屋《へや》をどんなスペースにしたいか、そこでどんなふうにすごしたいか、イメージしてみるんだ。「ゆったりできる部屋《へや》」、「ゲームに集中《しゅうちゅう》できる部屋《へや》」など、自分《じぶん》にあった部屋《へや》を作《つく》ってみよう。うまくイメージできないときは、「この部屋《へや》が好《す》き！」という画像《がぞう》を探《さが》して、そこに近《ちか》づけるようにすればいいね。

たとえば

スッキリと収納《しゅうのう》された大人《おとな》っぽい部屋《へや》

こまかく分類《ぶんるい》して片《かた》づけるのが好《す》きなら、種類《しゅるい》ごとにきちんとしまって中《なか》を見《み》せない収納《しゅうのう》を目指《めざ》そう。収納《しゅうのう》グッズは「小分《こわ》けのもの」を基本《きほん》に、中身《なかみ》が見《み》えないように引《ひ》き出《だ》しやふたつきのものを選《えら》んでいこう。ものが増《ふ》えても、「分《わ》けて・しまう」の基本《きほん》は変《か》わらないよ。

ぼくは
このタイプの
部屋《へや》がいいな
ほかのみんなは
どうかな？

たとえば

見《み》た目《め》よりも使《つか》いやすさ重視《じゅうし》の部屋《へや》

引《ひ》き出《だ》しや本棚《ほんだな》などは、最低限《さいていげん》の分類《ぶんるい》でOK《オーケー》。本棚《ほんだな》には本《ほん》だけでなく、段《だん》ごとに趣味《しゅみ》のグッズや小《こ》物《もの》を収納《しゅうのう》してもいいね。「収納《しゅうのう》グッズはたくさん入《はい》るもの」、「よく使《つか》うものは手《て》の届《とど》く場所《ばしょ》に」というポイントをおさえて、こまかい分類《ぶんるい》よりも、「この棚《たな》にもどす」という1回《かい》の動《うご》きで片《かた》づく収納《しゅうのう》をしていこう。

片《かた》づける場所《ばしょ》で悩《なや》まずにすみそう！

たとえば

好《す》きなものに囲《かこ》まれたワクワクする部屋《へや》

「○○が好《す》き！」という気《き》もちがあふれているなら、コーナー作《づく》りが大切《たいせつ》。グッズごとにまとめてかざったり、推《お》しカラーのスペースを作《つく》ったり、かべにかける収納《しゅうのう》を活用《かつよう》したり。ポイントは「出《だ》しっぱなし」を「もようがえがしやすい」という利点《りてん》に変《か》えること。コレクションが増《ふ》えていくのがうれしい部屋《へや》になるよ。

気分《きぶん》しだいでかざるものを変《か》えられるね！

たとえば

趣味《しゅみ》と勉強《べんきょう》をしっかり分《わ》けた部屋《へや》

勉強机《べんきょうづくえ》からまんがが目《め》に入《はい》らないように本棚《ほんだな》を配置《はいち》する、家具《かぐ》をかべのように使《つか》って「勉強用《べんきょうよう》スペース」をつくるなど、部屋《へや》のスペースを区切《くぎ》ると、目《め》の前《まえ》のことに集中《しゅうちゅう》しやすいね。収納《しゅうのう》グッズにはキャスターつきのものを選《えら》ぶと便利《べんり》。個室《こしつ》がない場合《ばあい》でも自分《じぶん》のスペースを確保《かくほ》できるから、自分《じぶん》らしいスペースを追求《ついきゅう》しよう。

うちの人《ひと》に相談《そうだん》して家具《かぐ》を動《うご》かしてみようかな

インテリアアドバイス

おなじ広《ひろ》さ、おなじ間取《まど》りの部《へ》屋《や》でも、つかうインテリアによって印象《いんしょう》ががらりと変《か》わってくるよ。収納《しゅうのう》グッズだけでなく、インテリアの色《いろ》やつかい方《かた》を知《し》ると、理想《りそう》の部屋《へや》作《づく》りに役《やく》に立《た》つかも！

　自分《じぶん》のできることから少《すこ》しずつでかまわないので、理想《りそう》の部屋《へや》に近《ちか》づけていこう！

気《き》になった
ものから
やってみようね

色《いろ》のもつイメージを知《し》る

色《いろ》には、その色《いろ》のもつイメージがあるよ。シンプルな部屋《へや》なら白《しろ》、グレー、黒《くろ》など。かわいい部屋《へや》は白《しろ》、ピンク、水色《みずいろ》。ポップな部屋《へや》は赤《あか》、青《あお》、黄色《きいろ》。ナチュラルな部《へ》屋《や》は白《しろ》、ベージュ、緑《みどり》。作《つく》りたい部屋《へや》のイメージにあった色《いろ》でそろえよう。

使《つか》う色《いろ》は少《すく》なめに

ベースになるのは、かべや床《ゆか》、天井《てんじょう》やベッドの色《いろ》。ベースになる色《いろ》はかえられないから、そのほかの色《いろ》は好《す》きな色《いろ》にしてアクセントにしたり、ベースと同系色《どうけいしょく》にして統一感《とういつかん》を出《だ》したりしよう。

空《あ》きスペースを活用《かつよう》

階段《かいだん》の上《うえ》（98ページ）、テーブルの裏《うら》、クローゼットの扉《とびら》の裏《うら》などを収納《しゅうのう》スペースに活用《かつよう》しよう。つっぱり棒《ぼう》やフック、マグネットなどを取《と》りつけると便利《べんり》だよ。

小《ちい》さな植物《しょくぶつ》でいやしを

なんだか殺風景《さっぷうけい》、というときは観葉植物《かんようしょくぶつ》がおすすめ。1つ置《お》くだけで部屋《へや》の雰囲気《ふんいき》がかわるし、緑《みどり》色《いろ》は心《こころ》がいやされる色《いろ》だよ。水《みず》やりや置《お》く場所《ばしょ》は植物《しょくぶつ》によってちがうから調《しら》べよう。

布《ぬの》を利用《りよう》しよう

大《おお》きな布《ぬの》をベッドにかけたり、棚《たな》の目《め》かくしにしたり、ポスターのようにかべにはったり。部屋《へや》の雰囲気《ふんいき》を簡単《かんたん》にかえることができるよ。

かべや窓《まど》をデコる

かべ紙《がみ》をはりかえることはできないけれど、マスキングテープやかべにはれるステッカーでデコることができるよ。窓《まど》にもはるのなら、ジェルシールが便利《べんり》。はる前《まえ》に、おうちの人《ひと》に伝《つた》えておくのをわすれずにね。

ポスターをきれいにはる

ポスターは趣味《しゅみ》を表《あらわ》す大切《たいせつ》なアイテムだから、きれいにはりたいよね。かべを傷《きず》つけずにポスターをはるためのテープや粘着剤《ねんちゃくざい》があるので、１００円《えん》ショップやホームセンターに行《い》ったときに探《さが》してみよう。

間接照明《かんせつしょうめい》で雰囲気《ふんいき》を出《だ》す

照明《しょうめい》も部屋《へや》を簡単《かんたん》に、おしゃれにしてくれるアイテム。勉強《べんきょう》や作業《さぎょう》をするときは天井《てんじょう》から全体《ぜんたい》を明《あか》るくするけれど、棚《たな》の上《うえ》や部屋《へや》のコーナーに小《ちい》さなスタンドライトをプラスすると、おしゃれ空間《くうかん》になるよ。

夢《ゆめ》をかなえる部屋《へや》作《づく》り

部屋作《へやづく》りには「夢《ゆめ》をかなえるための部屋《へや》の作《つく》り方《かた》」もあるよ。きみのかなえたい夢《ゆめ》は何《なに》かな？

整《せい》理《り》整《せい》とんは夢《ゆめ》をかなえるための第《だい》一《いっ》歩《ぽ》

バランスさんは、テニス選手《せんしゅ》になりたい、それにはチーム練習《れんしゅう》をしっかりやること、そのためには忘《わす》れものはしちゃいけないということに気《き》づいて、「だから片《かた》づけよう」となったよね。

きみも、どんな生活《せいかつ》を送《おく》りたいか、どうなりたいか、をイメージしよう。それがはっきり見《み》えてくると、片《かた》づけも前向《まえむ》きに続《つづ》けられるよ。

なりたい自分《じぶん》になるためにできることを書《か》きだそう

整理整《せいりせい》とんは、部屋《へや》をきれいにするだけじゃないって、わかってきたかな。

身《み》の回《まわ》りのものを、いつでも使《つか》えるように準備《じゅんび》しておけば、何《なに》かを始《はじ》めようとしたときに、すぐに取《と》り組《く》むことができるよね。探《さが》し物《もの》のために使《つか》っていたエネルギーを、自分《じぶん》のやりたいこと、なりたいもののために使《つか》うことができるようになる。整理整《せいりせい》とんは、なりたい自分《じぶん》、かなえたい夢《ゆめ》への近道《ちかみち》にもなるんだね。

みんなもかなえたい夢《ゆめ》があったら、その準備《じゅんび》のための整理整《せいりせい》とんに取《と》り組《く》んでみてね！

学校《がっこう》の先生《せんせい》になりたい！
予習《よしゅう》・復習《ふくしゅう》をしっかりして塾《じゅく》もがんばる！
だから勉強《べんきょう》に集中《しゅうちゅう》できる
部屋《へや》にしたいな
動物園《どうぶつえん》の飼育係《しいくがかり》になりたい！
図鑑《ずかん》を読《よ》むのが好《す》きだから
図鑑《ずかん》だけはきちんと
まとめておきたいな
まんが家《か》になりたい！
大好《だいす》きなまんがのキャラに
囲《かこ》まれていたいんだ
絵《え》をかくのが好《す》きだから
文房具《ぶんぼうぐ》は整理整《せいりせい》とんしないとね
みんなすてきだね！
なりたいもののために、
どんな準備《じゅんび》が必要《ひつよう》か、
左《ひだり》のページに
書《か》き込《こ》んでおきましょう！

書《か》いてみよう!

1 理想《りそう》

Q1 かなえたい夢《ゆめ》は何《なに》?

Q2 その夢《ゆめ》をかなえるためにはどうすればいいかな?

2 頭《あたま》の中《なか》の整理《せいり》

Q3 夢《ゆめ》をかなえるために必要《ひつよう》なことや、こまっていることはある?

Q4 そのために片《かた》づけが必要《ひつよう》なことはある?

1日5分！
タイプ別診断でわかる①
失敗しない
整理整とん

発行　2024年8月　第1刷

監修……中村佳子
イラスト……伊藤ハムスター、深蔵
発行者……加藤裕樹
編集……勝屋 圭
装丁・本文フォーマット…尾崎行欧、安井 彩、炭谷 倫
宗藤朱音、本多亜実
（尾崎行欧デザイン事務所）
DTP・本文デザイン……株式会社アド・クレール
編集協力……植松まり・朽木 彩
（株式会社スリーシーズン）
発行所……株式会社ポプラ社
〒141-8210
東京都品川区
西五反田 3-5-8
JR目黒MARCビル12階
ホームページ　www.poplar.co.jp
印刷・製本……中央精版印刷株式会社

ISBN978-4-591-18221-5　N.D.C. 597　127p　21㎝
Printed in Japan

P6052001

監修　中《なか》村《むら》佳《よし》子《こ》

Drawer Style代表／『おうちオフィス®』考案者。家族の“できる”仕組みを増やし、イライラ・ガミガミ・バタバタにさよならする「暮らしアップデート術」を提案。細かなヒアリングと分析から生まれる、住まう方にフィットした収納提案に定評がある。片づけサービスやセミナー、メディア出演まで幅広く活躍。男児2児と夫の4人暮らし。著書に『男の子がひとりでできる「片づけ」』（KADOKAWA）、電子書籍『ママの「働きたい」をかなえる 通勤0分 おうちオフィス®』がある。